酪農家による酪農家のための高齢者福祉

浜中町農協とキャンナス釧路の取り組み

河合知子・竹内美妃

筑波書房

まえがき

本書は、北海道東部の酪農地帯で、高齢者のためのデイサロンを開設した農協と、運営を担っているボランティア組織の話です。

Ⅰ部は、デイサロン開設に至る経緯、開設してからの五年の歩みを中心に河合知子がまとめました。Ⅱ部は、デイサロンを運営しているキャンナス釧路代表の竹内美妃が執筆しました。二〇〇九年一〇月から二〇一〇年一月まで「介護新聞」(北海道医療新聞社発行) に連載した「酪農業を営む看護師の取り組み」が元になっています。

二〇〇〇年に介護保険制度が導入されて十年余。介護保険は、高齢者が自立した生活ができるように支援し、社会全体で支え合う精神で作られました。しかしながら、高齢化が都市部以上に進行している多くの農村地域にあって、介護サービスは都市部ほど充実しているとはいえない状況です。

医師不足が常態化し、特別養護老人ホームは入所待ちで、希望してもすぐに入所することは困難です。緩和ケアの専門病院も近くになく、認知症となっても近くの専門医に継続的に診てもらう環境にはありません。医療過疎はイコール介護過疎にもなっています。

介護が必要な家族の面倒を家族内でやりくりできていた時代から、今や状況は大きく変化しました。

特に農業者にとっては、介護問題は営農問題に直結します。

本書で取りあげた北海道釧路管内浜中町の事例は、自分たちでできる範囲のことを考え、実行に移し、解決していこうと智恵を絞った取り組みです。農協は空き部屋とマイクロバスを用意、ドライバーは地元の運送会社にお願いし、運営は潜在看護師の力を借りるというスタイルです。

介護保険制度と無関係に実施しているので小回りがきく。ボランティアによる運営なのでお金はそれほどかからない。地元住民なので農作業や生活状況に熟知している。看護師免許のある人が関わっているので心強い。このように、いくつかの利点が挙げられます。

高齢化は待ったなしで進んでいます。国や行政の介護施策に期待するだけ、批判するだけでは事態は何も変わりません。やれることをやれる範囲で、やれる人々の手によって始めるしかないのです。農村地域の高齢者福祉問題に関わる人々にとって、本書が何らかの参考になれば望外の喜びです。

二〇一一年九月

河合　知子

目次

Ⅰ部
酪農家による酪農家のためのデイサロン

はじめに

水曜日の午前、乳牛が放たれた牧草地を背景に、農協のマイクロバスが走ります。酪農家を回って、高齢者をピックアップするバスです。向かうのは農協事務所一階。週に一度、水曜日はここが高齢者たちのサロンルームになります。

午前一一時頃、デイサロンに到着した高齢者たちは、午後三時までここで自由に過ごします。特に決められたメニューはありません。その過ごし方はさまざまです。

まずは買い物。道路一本はさんで、サロンの向かいにはコープ店があります。時間を気にすることなく、自分の買いたいものをじっくり選ぶ高齢者もいます。一週間分の食料をまとめて買う人もいます。どんなにたくさん買っても、店の人が帰りの送迎バスに積み込み、デイサロンのスタッフが玄関先まで運んでくれるので、大助かりだと高齢者は歓迎しています。

診療所に行く人もいます。美容院に向かう高齢者もいます。ごろりと横になって昼寝をする人もいます。週に一度のおしゃべりに話の花が咲きます。ＪＡはまなかデイサロンの一風景。まさにサロンなのです。

二〇〇六年一〇月、ＪＡはまなかデイサロンはオープンしました。ＪＡはまなかデイサロンは、浜中町農協が場所とバスを提供し、運営はキャンナス釧路が行っています。デイサロンのしくみやキャンナス釧路については後で詳しく述べますが、キャンナス釧路は、看護師免許をもつ人で構成されるボランティア組織です。デイサロンのスタッフに看護師がいることで、利用者の安心感を得ることができます。キャンナス釧路のスタッフは、全員が浜中町民で、酪農家もいれば家庭の主婦もいます。

「農協がデイサロンを開設！」とオープン当初、新聞やテレビが取りあげ、多くの視察者が訪れました。実際にデイサロンを見学した人は言います。「なんだ。これだけか」

「なんだ。これだけか」のデイサロンは、この土地で酪農を営んできた高齢者にとってありがたいものでした。隣りに住む友人とちょっとおしゃべりをしたい、そう思っても自分で車を運転できない高齢者にとって、友人宅を訪ねる機会は減っていました。北海道酪農地帯の「お隣さん」は、二キロほど先なのです。とても一人で歩いていける距離ではありません。息子夫婦が牛舎に行ってしまえば、家族の誰とも会話のない生活が日常となっている高齢者もいます。

デイサロンができてから、利用者も利用者の家族も水曜日が心待ちになりました。デイサロンから戻って来た日は、高齢者の顔が明るくなったと家族も喜びます。食卓での話題も増えました。

酪農をリタイアした高齢者のためのデイサロンは、酪農に関わる人々が自分たちで作って運営している、いわば酪農家の酪農家による酪農家のためのデイサロンです。そこには、国や行政に対する「何もやってくれない」といった不満や批判はありません。自分たちのことは自分たちでなんとかしたいという思い、そして艱難辛苦を乗り越えて酪農郷を築きあげてきた先人たちへの敬意と慰労があります。自分たちもまた同じ土地で同じ道を歩んでいるといった、地域住民の共同体意識がそこにはあります。

本書は、北海道東部の酪農地帯で取り組んでいる、酪農家による酪農家のための高齢者福祉の小さな取り組みを紹介するものです。

1　JAはまなかデイサロンのオープン

（1）酪農の町

浜中町は、北海道釧路管内の小さな町で、釧路市と根室市のほぼ中間に位置します。釧路から根室に向けて根室本線が通り、浜中町内には、茶内、浜中、姉別の三つのJR駅があります。線路とほぼ並行して国道44号線が走っています。車で走ると気がつかないうちに浜中町を通り過ぎてしまいます。それは、浜中町役場が海岸部の霧多布にあり、町の中心部は国道44号線から離れたところにあるからです。浜中町は海岸部から拓けていきました(1)。ラムサール条約に登録された霧多布湿原が町内にあり、観光客も訪れる自然豊かな町でもあります。

農業の中心は浜中町農協の事務所がある茶内です。茶内が農村部の開拓拠点となりました。浜中町では、戦後開拓によって入植した酪農家も多く、一九四八年には浜中町の人口は一万人を超えていました。規模拡大と多頭化路線を歩んだ北海道酪農は、浜中町酪農においても例外ではありません。近代化の波は多数の離農者をうみ、一九五七年の一万三〇〇〇人をピークに浜中町の人口は減少していきます。

北海道の酪農専業地帯を紹介するとき、乳牛の頭数と人口を比べ、「人の数よりも牛の方が多いこと」が常套句になっています。浜中町も人口六六五三人（二〇一〇年一二月三一日現在の住民基本台帳による）にたいして、乳牛飼養頭数は約二万一五〇〇頭（二〇〇五年世界農業センサス北海道版による）と人口の三倍以上の乳牛が飼われています。

酪農家の生活は、牛を飼っているのだから三六五日休みがないのは当たり前で、かつては親の葬式も自分の結婚式も休めない暮らしでした。「非人間的」ともいえる生活をなんとかしたいと、一九八九年に酪農ヘルパー利用組合が作られました。酪農家の休日を確保するために作られた酪農ヘルパーの制度ですが、今では、若き酪農家が酪農技術を磨く場所にもなっています。酪農家の息子が家業を継ぐ前に酪農ヘルパーとして多くの酪農家と接し、後継者としての能力を身につけるケースもあります(2)。

浜中町のような酪農専業地帯では、多くの町民が酪農か酪農に関連する何らかの仕事に従事していま す。農協をはじめ、その関連会社である研修牧場、育成牧場、乳業会社、輸送業務を担う会社、獣医師・家畜人工授精師（家畜の人工授精や受精卵移植を行う専門職。農林水産省認定の国家資格です）など酪農関連のさまざまな職種の人々が酪農経営を支援しています。また、農協の子会社であるコープ店や町内の飲食店、美容院、診療所、特養老人ホームなど酪農家の生活を支えるさまざまな施設や仕事もあります。

後継者不足や高齢化によって離農が続くと、町全体の衰退にもつながります。歩いて行ける距離にあった個人商店は撤退していき、小学校は閉校になっていきます。若者は進学と同時に町から出て行きます。学業を終えたのちに戻ってきたくても、町内で仕事を見つけるのはむずかしいのです。

漁業と酪農が基幹産業となっている小さな町では、都会から何かを誘致して活性化を図るというよりも、現在住んでいる住民たちの手によって問題解決の方策が図られてきました。

(1) 浜中町の歴史は古く、「元禄十四(一七〇一)年、キイタプの大船を派遣して根室、国後方面のアイヌと交易をはじめた」(『浜中町史』五四ページ)のが町の始まりとされています。キイタプは霧多布となり、海岸部から町は拓けていき、港町としてのにぎわいがありました。
農村部の開拓は海岸部に比べて遅く、道庁の測量隊が入り、殖民区画が実施され、人々が入ったのは明治期とされています。一九一七(大正六)年に北海道庁農業指導所が設置され、営農による入植可能の判断が下され、集団移民につながったのは、一九二四(大正一三)年以降のことでした。
現在の浜中町農協の事務所がある茶内を中心に酪農が始まったのは、昭和に入ってからです。浜中町農協の前身である茶内産業組合ができたのは一九二九(昭和四)年のことでした。

(2) 酪農ヘルパー利用組合ができた一九八九年当初は、二名のヘルパーからスタートします。二〇一一年現在では、酪農ヘルパーは、専任が一〇名、補助が八名と合計一八名の酪農ヘルパーがいます。

(2) 浜中町農協の危機感

浜中町農協が、酪農をリタイアした高齢者に何らかの対策が必要と考えたのは、農協の中長期計画を策定する際に行った調査がきっかけです。

二〇〇二年六月に実施したこの調査(3)は、酪農に関わるすべての女性を対象としました。それまで農協が実施する調査といえば、正組合員である経営主が対象で、その多くは男性でした。ところが、

「今度の中長期計画を策定するときは、女性の意見を聞くべし」ということになったのです。

調査後も地区ごとに報告会を開催し、アンケートの感想や農協に対する意見を直接女性たちから聞きました。なかでも多数寄せられたのは、高齢者の介護問題でした。

家庭内のことは女性の仕事という認識が農村部の男性にも、そして女性たち自身にも根強くあります。浜中町農協の酪農家においても例外ではありません。酪農の仕事に加え、家事や育児、家族の介護が女性の肩にのしかかってきていました。

もし親の介護が必要になった時、安心して営農が続けられるだろうか。四〇～五〇代の働き盛りの女性たちは不安を抱えていました。親がもし釧路の病院に入院すれば、見舞いに行くのでさえ一日仕事になってしまいます。一時的な事態ならば、酪農ヘルパーを頼むなどして乗り切ることはできます。しかし長期化すれば、経済的にも身体的にも精神的にも大きな負担となっていきます。高齢者の介護問題は、酪農経営にも直結する問題でもありました。

一方、高齢者たちは、親を介護してきた世代ではありますが、自分たちはなるべく子どもに迷惑をかけたくないと思っていました。

長年この土地で暮らしてきた高齢者にとって、できることならば死ぬまで同じ場所で暮らしたい、都会の子どもたちの元で暮らしたくはない、そう考える高齢者が多いのです。友人も少ない都会での暮らしが人生の晩年を過ごす場所としてふさわしいと高齢者の多くは考えていないのです。

かといって、車と車の免許が生活上の必需品となっている広大な酪農地帯では、高齢者にとって住みづらくなっていることは事実です。

移動の自由を失い、交通弱者となった高齢者は、日々の買い物や通院にも一苦労していました。こうした状況は、農協もうすうす分かってはいたのですが、改めて女性たちの声を聞くことによって、これ以上放って置くことはできないと感じたのでした。女性たちの声を通して、生活上のさまざまな要望や意見に向きあうことになったのです。

家庭生活の問題を家庭内だけで解決していくには難しい事態となっており、健康・介護問題についても農協が何らかの対策に取り組まなければならない段階に来ていたのでした。

（3）この調査の対象者は三七一名、回収数は三〇〇枚で八〇・九％の高い回収率でした。経営主の妻、経営主の母、後継者の妻というように一軒の酪農家に三人の女性がいれば、三人それぞれの意見を聞きます。家族内で相談して回答するのではなく、それぞれの意見を個別に聞くという調査でした。

個別に調査表が届くように配慮し、各自が自分の思いをそのまま記入できるように回収用の封筒も個別に用意しました。姑に気兼ねしたり、嫁さんに遠慮したりすることなく、彼女らの抱えている生活上の問題や不満、本音を聞きだそうというねらいがありました。最初は「似たようなアンケートはこれまでもあった」、「本当にアンケートに答えることで自分たちの意見が反映されるのか」といった危惧が女性たちにありましたが、組合長をはじめとする農協役員や幹部の方々が地区懇談会や青年部、女性部の会合などで繰り返しアンケートの意義を話していくうちに、女性たちもアンケートに自分の意見や考えを書いてみようという気になったのです。

調査結果は女性たちの不安や意見が噴出したものとなりました。「よくまあ男ばかりの理事会でこんな（女性対象の）調査をやろうと決められたものだわね」と、後に女性の一人が調査報告会の場で評価しています。詳しくは、拙書『北海道酪農の生活問題』（筑波書房、二〇〇五年）を参照ください。

（3）キャンナス釧路への協力要請

ちょうど同じ時期に、同じ町内で「キャンナス釧路」を立ち上げた人物がいました。町内の酪農家で看護師免許をもつ竹内美妃さんです。竹内さんとキャンナス釧路については、2で詳しく述べます。キャンナス釧路の発会式があることを地元紙の新聞記事（37ページ）で知った農協参事（当時）の野田哲治さんは、竹内さんの力を借りようと思い立ちます。営農課の和田瑞穂さんを誘い、二人で発会式が行われる釧路へ向かいました。発会式のあと、二人は竹内さんに相談します。

発会式の翌日、早速キャンナス釧路と農協が話し合いの場をもちます。二〇〇六年七月一九日のことでした。キャンナス側からも発会式に出席していた本部の菅原由美代表と梅澤雅男理事が同席しました。農協側からは、野田さんと和田さんに加え、高橋勇副参事（当時）でした。農協女性部にも声をかけました。堀金澄江女性部長（当時）、日向よしみ副部長（当時）、南貴子副部長（当時）の三人も会議に加わりました。

酪農家の介護問題についての現状や困っていることなどを出し合いました。農協として何ができるか、キャンナス釧路はどう関われば良いのか、可能性を探っていきました。
話し合われた主な内容は、以下の点です。まだ介護は必要ではないが、外出する機会が少なくなった高齢者が外出できる機会にしたいこと。「介護」ではないので、「デイサービス」よりも「サロン」という言葉の方が気兼ねなく参加できること。病気予防や健康相談の場になれば良いこと。スタッフとのつながりができれば、訪問看護が必要となったときに訪問しやすいこと。将来的なことも考えた提案や議論が交わされました。

こうして、ＪＡはまなか・デイサロンの設立趣意書（資料１）がまとまり、大枠ができてきました。その後も何度か話し合いがもたれます。東グループと西のグループ二つの班に分けた方が良いのではないか。週に二回の実施は可能だろうか。動きやすい体制や方法などを検討していきました。

まずはデイサロンの場所です。ちょうど、農協の生活店舗を新築した時期でした。旧生活店舗のあった場所に金融店舗を移動し、金融店舗のあった場所がたまたま空き室となっていました。旧金融店舗の場所は農協事務所の一階にあり、何か起こった時にすぐに対応できます。場所はすぐに決まりました。

次に必要なのは、スタッフの確保です。周囲で協力してもらえそうな人に声をかけました。農協職員の家族だったり、夫が乳業会社に勤務する人だったりと、デイサロンのオープン時には、竹内さんを含めて六名のスタッフが集まりました。

議案（資料２）として理事会にかけたのは、二〇〇六年九月のことでした。

【資料1】JA はまなか・デイサロン（仮称）設立趣意書

JA はまなか・デイサロン（仮称）設立趣意書

「キャンナス釧路」代表　竹内美妃

JA はまなか・デイサロン（仮称）は、高齢化に伴い車の運転に不安を持ち一人で外に出る機会が少なくなり、家族以外の方々との語らいの場が少なくなっていらっしゃる方に日中のひとととき外出のお手伝いを提供し、またそうした方々を毎日休みなく介護、お世話しているご家族の方々にも、その介護から一時的に休める時間を提供するという、浜中の酪農地域における農家家族への支援活動です。

この活動は浜中町農協からの要望を受け、訪問ボランティアナースの会「キャンナス釧路」が一協力団体として連携します。資格のあるなしにかかわらず、自分の経験を生かして困っている方に力を貸したい、家庭で孤軍奮闘なさっている方たちの重荷を少しでも肩代わりしたいという思いを、今自分たちの暮らす地域の中にこそ潜在している貴重な力を引き出すことによりサポートしていく活動が、この訪問ボランティアナースの会「キャンナス釧路」の主旨です。浜中町の酪農家の皆様がこの「JA はまなかデイサロン」の設立により、ささやかな活動であっても息抜き、リフレッシュするひとときとなり、また浜中町農協にとりましても幅広い年齢層の組合員との交流、意見交換による相乗効果も期待でき、そして両者が酪農という家族労働の素晴らしさ、日本国の食を支える生産者としての誇りを持って高品質な牛乳生産活動につなげることのできるような役割の一助が担える活動を目指します。

ボランティアとは、今求められていることに、積極的に関わっていこうとする姿勢であり、決してただ働きを指すものではありません。訪問ボランティアナースの会は利益を目的にはしませんが、実費を頂きます。それはお互いさまという精神を、お互いに忘れないようにするためでもあるのです。

【資料 2】

議案第６号

介護事業「JA はまなか・デイサロン」の設立について

事業評価や懇談会等において、介護に関しての要望等が農協に対して多数あったことから、「キャンナス釧路」・女性部からの協力を受けながら、農協独自の介護形態で下記の内容で設立したい。

※目的

☆在宅介護で困っている家族の手助けを行い、地域で安心して暮らせる社会を目指すことを目的とする。

１．車の運転が困難で一人ではなかなか出歩けない方が、気軽に出て来て集える場所。

２．家族以外の方と会話をし、食事をとりながらコミュニケーションをとっていただく場所。

３．介護事業に参加いただく方が、買い物・通院・用事足し等としての活用。

４．日常介護を行い身体的、精神的に負担を感じている方が、介護の方を預ける事によって少しでも息抜きができる時間として活用。

『設立及び実施内容』

・対象：浜中町農協の組合員もしくは一般

・事業主体：浜中町農業協同組合（担当　営農相談課）

・協力：「キャンナス釧路」・JA 浜中町女性部・JA 職員

・場所：浜中町農協　旧金融課店舗

・名称：JA はまなか・デイサロン

・日時：毎週水曜日　10:00～15:00（１ケ月４回）

・料金：送迎・昼食込みで 1,500 円（サービスチケットを購入し利用可）

・利用者数：１回 10 名程度　※参加希望者は事前に申し込むこと。

・車両・ドライバー：バス＆乗用車・運転手：２～３名

・デイサロン開催日人員

スタッフ：看護師・（キャンナス釧路）：１～２名・ボランティアスタッフ・JA 職員（送迎車への添乗・体調管理・食事準備・受入準備・片づけ）

・送迎ドライバー：１～２名

・食事の提供

※スケジュール

☆迎え（10 時）→デイサロンルーム到着（11 時）→食事（13 時）→帰宅（14 時）

☆到着後→血圧測定・健康相談（看護師）

☆昼食→談話を楽しみ、趣味を楽しむ

☆送り

利用者の送迎は、農協所有のマイクロバスを利用することにしました。運転手は農協職員です。ところが、大きな誤算がありました。浜中町農協の管内は広大です。デイサロンの場所がある農協事務所は茶内で、利用者の酪農家は点在しています。利用者をピックアップしながら巡回するだけで片道一時間は軽く超えてしまう距離です。通常の農協の業務をこなしながら、デイサロン送迎の運転手を農協職員が務めることは、業務に差し障りが出るようになったのです。

これはもう外部に頼るしかない。多少の運転委託料がかかってもしかたがない。高橋勇副参事（当時）は、浜中運輸に協力のお願いに行きました。デイサロンのオープンから一か月が経過した、一〇月末日のことでした。

事情を聞き終えた社長の赤石美枝子さんは、二つ返事で了承してくれました。しかもお金はいらない、無償でドライバーを派遣したいというのです。「今まで酪農でもうけさせてもらってきたのだから、これで商売をしようとは思っていません」というのです。そして、水曜日には非番のドライバーをやりくりしてシフトを組んでくれることになりました。

こうして、ＪＡはまなかデイサロンは、徐々に体制を整えながらスタートしていったのです。

2　牧場経営を基盤にしたキャンナス活動

(1) 竹内牧場の経営

竹内牧場は、浜中町の海岸地区(4)にあります。上空から竹内牧場を撮った写真(25ページ)をみると、海岸からそれほど離れていないことがよくわかります。海に近いということは、海霧がかかり日照時間が少なく、牧草の成長にそれほど適している土地とはいえません。酪農に詳しい人が、この写真をじっくり見ると、不思議なことに気がつきます。中央の大きな建物を見て「立派な牛舎だな」と言った人がいますが、それは住宅です。

道産材カラマツの木をふんだんに使った木造二階建ての住宅(25ページ)の横には薪が積み重ねられています。北海道の住宅横によくある大きな灯油タンクが、ここでは見当たりません。竹内さんの住宅は、石油エネルギーに頼らない設計になっています。部屋の中央には、薪を使う暖炉があります。

牛舎やサイロはどこにあるのでしょうか？　実は牛舎もサイロもないのです。牛は牛舎につながず、放牧して飼育する方法をとっています。牛たちは、くぼみや林の中に自分の気に入った場所を見つけて寝ます。

竹内さんはなぜこの土地に牧場をもつことにしたのでしょうか。牛舎なしの牛飼いになったのでしょ

上空から見た竹内牧場
(浜中町厚陽地区の酪農家　酒井裕一さん撮影)

道産材カラマツを使った竹内さんの住宅

うか。

横浜の救急救命センターで看護師として働いていた美妃さんが、夫の正嗣さんと浜中町にやって来たのは、一九九八年のことです。人工授精師の資格をもつ正嗣さんは、将来は北海道で牧場経営をしたいと考えていました。

浜中町への移住を決めた大きな理由は、浜中町新規就農者研修牧場(5)の存在です。酪農分野に新規参入するのは、簡単なことではありません。酪農は牛舎や農業機械などの施設設備に大きなお金が必要です。適当な農地を見つけることも至難のわざです。実践を通して技術を磨くことも必要です。親や親戚が牧場経営をしているのならばいざ知らず、北海道の学校を卒業したわけでもなく、北海道の酪農関係者に親戚知人友人の少ない竹内夫婦にとって、未知への挑戦でもありました。

浜中町農協の新規就農者研修牧場は、夫婦で研修を受けることが条件のひとつになっています。まずは、研修牧場で実践を積みながら、牧場をもつ準備を進めていく予定でした。

しかしその頃、浜中町立浜中診療所で看護師を探していました。二〇〇〇年から導入が決まっていた介護保険制度の運用で診療所も大きく変わろうとしていた時期でした。道東地域にあって医師不足は常態化していますが、看護師不足もまた同様に深刻だったのです。看護師確保に町は必死になっていました。

特例として美妃さんは看護師として働くことになります。町からのお願いに農協が応じた形になったのです。

浜中町民としてのスタートは、茶内にある公営住宅からでした。正嗣さんは茶内の研修牧場へ出勤。美妃さんは霧多布の浜中診療所に通うという生活です。この時、美妃さんにとって、大きな出会いがありました。診療所長の道下俊一医師です。浜中町は、一九五二年の十勝沖地震と一九六〇年のチリ沖地震津波の二回、大きな被害を受けています。すぐに札幌に戻るつもりだった道下医師ですが、津波被害による「阿鼻叫喚」をみてしまい、そのまま滞在し四七年間にわたって僻地医療に従事したのでした(6)。災害医療支援に強い関心をもっていた美妃さんにとって、晩年の道下医師と共に働いた体験はかけがえのないものとなりました。美妃さんの診療所勤務は、一九九八年四月から丸三年に及びます。この間に介護支援専門員（ケアマネジャーのこと。ケアマネと略されることが多い）の資格を取り、診療所内に療養型病床群を立ち上げました。

研修牧場で働いていた正嗣さんは、家畜人工授精師の資格をもっていたことがきっかけで農協に勤務することになります。二〇〇〇年のことでした。しかし、牧場をもつ夢をあきらめたわけではありませんでした。

浜中町の海岸地区に牧場をもったのは、二〇〇一年。正嗣さん二五歳、美妃さん二九歳の時で、浜中町に移住して三年が経っていました。この間、どこが自分たちの牧場として適しているのか。土地探しをした結果、浜中町の海岸地区の町有地を借りることにしました。広さは五・五ヘクタール、笹だらけの原野といってよい土地です。けれども、海が見えるところで暮らしたいという二人の希望が叶う場所でした。

肩の辺りまで茂った笹を手で刈りながら牧柵を作っていきました。本州からやって来た二〇代の若い二人がまさに手作りで牧場を作ろうとしている、そんな姿に地域の人々も温かく見守ってくれました。最初に手にしたのは、一頭のオスのジャージー牛です。近くの酪農家からの応援の意味を込めたプレゼントでした。蹄耕法《ていこうほう》(7)によって、草地を作っていきます。一頭ずつ牛を増やし、牛たちのおかげで、少しずつ美しい草地ができていきました。牧場は、季節分娩(8)にして、搾乳する期間と搾乳しない期間を作り、冬期間は牛も人間も休みにするスタイルにしています。頭数が少ないので、一頭ずつバケットミルカーで搾乳を行い、生乳は農協に出荷します。農協の正組合員になったのは美妃さんです。

竹内夫婦にとって、大きな転機がやって来ます。二〇〇九年三月のことでした。正嗣さんが農協を退職し、家畜人工授精師として独立する道を選択したのです。このまま、農協職員として家畜人工授精師の仕事は続けられないという不安が正嗣さんにはありました。家畜人工授精師として採用されても、長く農協に勤務していればまったく異なるセクションへの異動もあり得るからです。正嗣さんが望んだ働き方は、牛に直接関わる家畜人工授精師としての仕事です。

悩んだ末、個人で家畜人工授精所を開業することを決断したのでした。農協職員だった家畜人工授精師が個人で独立して家畜人工授精所を開業するケースは、北海道釧路管内では前例がなく、農協にとっては前代未聞の出来事でした。組合員にとっても、農協とは直接関係の無くなった竹内家畜人工授精所を利用してもよいのか。大きな反響をもたらす退職と開業になりました。戸惑いを感じる組合員もいれば、新しい生き方に反発する農協幹部もいました。

「竹内牧場は美妃のもの」と正嗣さんは言います。竹内牧場は夫婦二人で作ってきた牧場で、牧場開業当初から美妃さんが農協の正組合員になっています。正嗣さんが農協を退職したあとも正組合員名義を代えるつもりはありませんでした。正嗣さんにとって、正組合員が妻であろうと夫名義であろうと、それはどうでも良いことなのでした。

竹内家畜人工授精所は、一年後に株式会社になります。二年後には新たにもう一名の家畜人工授精師を雇用するようになりました。仕事の依頼が来ないかもしれないという開業時の心配は杞憂に終わり、正嗣さん一人では忙し過ぎる状況となったのでした。

夫婦二人の手に負える範囲の牛を飼い、牛飼いとしての生活基盤を持ちながら、夫は家畜人工授精師として働く。妻は、看護師免許を生かしたボランティア活動に関わる。小規模ながらも牧場経営者であることで、勤務労働者には得られない時間的、精神的自由を得ています。

牛の飼い方にしても働き方にしても暮らし方にしても、長いものに巻かれることなく、自分たちの生き方を追求しようとしているのでした。

（4）浜中町農協は、地区を一〇に分けています。海岸地区はそのひとつで、二〇一一年現在の正組合員は六名と最も小さな地区です。浜中町の行政区では「貰人（もうらいと）」です。

（5）浜中町農協は、新規就農者を受け入れる対策を早くから打ち出してきた農協です。浜中町農協では、新規就農者牧場を作り、一九九一年九月から事業を開始しました。研修牧場で研修を積み、浜中町農協管内で酪農家になった新規就農者は全体の約一割になっています。二〇〇四年に、研修牧場を法人化し有限会社としました。

（6）道下俊一『霧多布人になった医者』（北海道新聞社、二〇〇四年）を参照ください。

（7）放牧した牛の蹄（ひずめ）が草地を自然に耕してくれるという牧場作りの方法。土地を整地するために重機を使えば費用がかかります。一方、牛の蹄に頼る蹄耕法では安上がりですが、時間はかかります。

（8）効率的な飼養管理技術のひとつとして、牛群の分娩時期を集中させること。家族で余暇時間を楽しめるようにと、放牧経営と季節分娩を取り入れる酪農家も現れています。

(2) いつでも勉強

竹内美妃さんの経歴は、一風変わっています。竹内さんが看護師を志したのは、高校生の時に父親を病気で亡くしたことがきっかけでした。神奈川県の看護師専門学校を卒業した後、横浜市内の病院で看護師として働きます。

浜中町に移住してから町立診療所で働いたことは、前に述べましたが、竹内牧場の開業を機に診療所を退職します。一頭から飼い始めた牧場経営に専念するかと思いきや、一年後には大学進学をします。

北海道教育大学釧路校の国際理解教育課程への進学です。看護学校の時に短期留学したアメリカで、医師と対等に仕事をしている看護師を見て、自分もいつかは海外の医療現場で働きたいとの思いが、国際理解教育を学ぶきっかけとなったのでした。浜中から釧路までの距離は約一〇〇キロです。片道一時間半の通学を四年間続けたのでした。

在学中に、インドネシア・スマトラ沖地震被害が起こります。竹内さんが大学三年生の時でした。初めての海外災害支援活動にでかけます。詳しくはⅡ部をお読みください。

二〇〇六年三月に北海道教育大学釧路校を卒業すると、すぐに四月からは、北海道立別海高校農業特別専攻科（酪農業専攻）に入学します。高卒者を対象にした二年間のコースで、後継者や新規就農者が、酪農経営や技術を学ぶところです。看護師としての勉強はしてきたけれど、酪農に関して竹内さんは素人。牧場経営者として酪農に関する最低限の基礎知識を学んでおきたいと思ったのでした。

毎朝、搾乳作業を終えてから、別海高校まで車を走らせます。別海までは、片道三五キロ、三五分程度の通学時間です。酪農を始めて六年目のことでした。牛を飼うための多くの知識を吸収できた貴重な二年間でした。

そして、今度は大学院への進学です。日本赤十字北海道看護大学の大学院で国際災害支援の看護学を究めたいと考えたのでした。大学院のある場所は北見市、浜中町からは約二〇〇キロ離れています。車で片道約四時間かかりますから、通学に便利とは言いがたい距離です。二〇一〇年四月から三年間は、修士論文と格闘する日々となりました。テーマは、国際緊急援助活動における隊員の健康管理に関する研究です。

二〇一一年度から、釧路市医師会看護専門学校で「災害看護学」の授業を担当しています。看護師養成課程のカリキュラム改正に伴い、「災害看護学」が必修科目となったからです。海外での災害支援の経験をもち、なおかつ大学院で学んでいる竹内さんは、「災害看護学」の担当者として得難い存在といえるでしょう。

振り返れば、竹内さんはいつも勉強する環境に身を置いてきました。看護師養成の専門学校を卒業してから、四年制大学で国際理解教育を学び、高校で酪農の基礎を学習し、看護大学の大学院で災害看護学の修士論文をまとめる。そして竹内さん自身が学ぶ延長上に、専門学校で教えることがあったのでした。

学びながら教え、教える立場でまた学ぶ。こうした生き方はおそらくこれからも続いていくことでしょう。学ぶことに終わりはありません。

高校の専攻科も大学も大学院も、車無しでは通学できない、酪農地帯ならではの不便さはあります。しかし、こうした生き方を可能にしているのは、酪農家という職業をもち、自分の裁量で時間もお金もなんとかなる、なんとかできるという生活環境にあるからです。他者から勤務時間を拘束されている職場環境ではこうはいきません。

入学金や授業料などの学費は、牛を売って捻出しています。竹内牧場の飼養頭数が聞くたびに変動しているのは、入学金や授業料の支払いに当てているのでした。これもまた酪農家だからこそできることでした。

(3) キャンナス釧路の発足

キャンナス(CANNUS)とは、一九九七年三月に発足した全国訪問ボランティアナースの会のことです。看護師(NURSE)が出来る(CAN)ことを出来る範囲で行って地域福祉に役立てる、ボランティア組織です(9)。

表1に全国のキャンナス支部一覧をまとめました。二〇一一年現在で全国にキャンナス支部は四五か所(休止中も含む)あります。キャンナス釧路は、一六番目に設立された支部です。全国的に知名度の高い「釧路」となっていますが、実態は浜中町が拠点です。離島を除いてほとんどの支部が都市部にあるのに対して、純農村部にあるキャンナス釧路は、キャンナス支部のなかでも特異な存在ともいえます。

竹内さんは、菅原由美さんが呼びかけたキャンナス発足式に参加しています。横浜市内の病院の救命救急センターに勤務している頃の話で、ちょうど看護師経験三年目を迎えていた現役看護師でした。「自分の空いている時間に看護師資格を生かして、在宅介護をされているご家族を地域で支援しませんか」という新聞記事のメッセージに共感した竹内さんは、三交代勤務の休みと夜勤明けの時間を利用して活動に参加します。吸引や経管栄養の必要な障害児を母親に代わって一時介護する、孫の結婚式に

表1　全国各地区のキャンナス（2011年現在）

北海道	釧路　札幌
東　北	（青森県）八戸　（宮城県）仙台中央
関　東	（埼玉県）さいたま　日高　（東京都）板橋　新宿
	（神奈川県）湘南（本部）　県央　横須賀・南横浜
	横浜・緑　麻生　相模原北　相模原南
	（千葉県）　館山　柏（休止中）松戸　市原（休止中）　野田
中　部	（山梨県）　山梨　（愛知県）名古屋
	（三重県）　桑名　四日市
東　海	（静岡県）　沼津　焼津　静岡
北　陸	（富山県）　なんと
近　畿	（京都府）京都　京都八幡　（兵庫県）甲子園　西宮
	（大阪府）堺　大阪
中　国	（岡山県）岡山　（広島県）福山　安芸　（島根県）益田
四　国	（高知県）高知
九　州	（福岡県）北九州　（長崎県）県央長崎
	（大分県）くにみ　宇佐（休止中）
沖　縄	波照間（休止中）　黒島（休止中）
	以上45か所（休止中も含む）

資料：キャンナスHPより作成。

出る高齢者の車椅子を押す、といった活動です。

その後、いつかは、北海道でもキャンナス活動が必要とされるだろうと考え続けてきました。具体的に竹内さんの頭の中で構想がまとまっていく大きなきっかけとなったのは、「チャレンジ釧路フォーラム」でした。

チャレンジ釧路フォーラムとは、釧路地方の再生策を探るために地元新聞社が発足させた取り組みです。二〇〇五年一二月に、釧路管内の有識者六人のフォーラム委員が紹介され、年間キャンペーンの方向が紙面に載りました(10)。竹内さんは、六人の考えや発言内容をていねいに読んでいきます。年が明けて二〇〇六年一月一日から三日、四日と、フォーラムの内容が特集記事になりました。切り抜きをし、共感するところは蛍光マーカーを引き、具体的な政策提言や議論の内容を丹

JAはまなかデイサロンを訪問してくれた小磯修二さん
（2007年7月）

念に読んでいったのです。六人のなかで自分が考えていることに近いのは、子育て支援や障害者の自立に向けて、NPO法人を立ち上げている例でした。

二〇〇六年二月に、初の公開フォーラムが釧路のホテルで開催されます。テーマは「再生を阻むものは何か？」。新聞記事を手がかりに、ノートまでとって勉強している竹内さんのことですから、公開フォーラムに参加してみようと思ったのは自然の成り行きでした。約二〇〇人の聴衆の一人となり、報告やフロアと直接交わされる議論を聞くうちに、「よし私もキャンナスを立ち上げよう」という気持ちがむくむくと湧いてきたのです。

チャレンジ釧路フォーラムの記事は、毎回必ず読者の意見や感想を募集していました。二月の公開フォーラムに参加した竹内さんは、頭の中で考えていたキャンナスの取り組みを座長の小磯修二先生に聞いてもらいたくなります。そして、直接小磯先生にＥメールを送り、小磯先生とのやりとりが始まります。二月から六月にかけて、小磯先生にキャンナス発会に向けての仕組み作りについて相談に乗ってもらい、竹内さんが自分の活動に近いと思ったＮＰＯ法人事務局長（当時）の日置真世さんの協力も得られることになりました。キャンナス釧路の連絡先を、竹内さんの自宅の電話番号にすれば、電話が殺到した際に困るだろうと、日置さんの事務所をキャンナス釧路の連絡先にしてくれることになりました。

キャンナス釧路を発会させる目途がついたころ、地元新聞社へ連絡し、取材してもらうように手配してくれたのは、小磯先生でした。取材を受ける場所も小磯先生の勤務先である釧路公立大学地域経済研究センターです（37ページの資料3を参照ください）。

キャンナス釧路の発会式を三日後に控えた日、釧路公立大学で「未来像語るフォーラム」が開催されました。主催は、釧路公立大学地域経済研究センター、北海道、北海道新聞釧路支社の三者。小磯先生の基調講演のあと、それぞれの立場から三人が基調報告をするスタイルです。人前で話す場をたくさん経験しておいた方が良いと考えた小磯先生の薦めに応じて、竹内さんも報告者の一人となりました。多くの人々の前で話す機会がまったく無かった竹内さんにとっては、初めての経験です。あとの二人は、水産会社社長の近藤信治さんと弁護士の荒井剛さん。

フォーラムが終わったあと、四人で食事をしながら、近藤さんと荒井さんからも応援の言葉をもらいます。竹内さんにとっては本当にありがたくうれしく、心に染み入ってきたのでした。感動で涙が出て

29 道東　（第3種郵便物認可）　北海道新聞

介護に疲れている家族の役に…

看護師資格生かし 来月に支援組織

浜中の酪農家竹内さん

本社フォーラム参加し一念発起

介助や通院付き添い

看護師の資格を持つ浜中町の酪農家の女性が、看護や介護で疲れている家族を支える有償の訪問ボランティアナースの会「キャンナス釧路」を七月に設立する。北海道新聞釧路支社の「チャレンジ釧路フォーラム」に参加したのがきっかけで「看護師の技術を地域に役立てたい」と思い立った。公的な訪問看護サービスとは別の民間の支援組織は道内では珍しく、重い障害を持つ子供などを抱える家族にとって朗報となりそうだ。（小塚由記夫）

チャレンジ釧路

発起人は竹内美妃さん（三七）。ホームヘルパーでは対応できない医療的ケアが必要な障害者や高齢者を主な対象に、訪問看護や介助、通院の付き添いなどを行い、外出もままならない家族の負担を軽減するのが狙いだ。

東京都出身の竹内さんは一九九八年に夫婦で浜中に移住。酪農業の傍ら、二〇〇四年にスマトラ沖地震の医療支援活動に参加するなど、国際貢献活動も続けている。

竹内さんは二月に行われた同フォーラムに参加。そこで、障害者支援活動などを行っている釧路市の特定非営利活動法人（NPO法人）地域生活支援ネットワークサロン事務局代表の日置真世委員の発言を聞き、「安心して暮らせる地域社会のために私もチャレンジしたい」と決意。来道前に参加していた有償の訪問看護ボランティア組織の設立を思いついた。

その後、知人でフォーラム座長の小磯修二釧公大教授の仲介で日置さんと面会。同ネットワークサロンと連携して会の設立準備を進めてきた。

「キャンナス」は神奈川県に本部がある全国組織だが、道内支部は初めて。日置さんは「公的サービスだけで家族の生活を支えるのは大変なので（休業中の看護師など）地域の人的資源を活用して医療支援を受けられるのはいいこと」と話す。

発足式は七月中旬に行う予定だが、まだスタッフは一人だけ。竹内さんは「在宅介護などで困っている家族のニーズはかなりある。一緒に活動してくれる仲間を増やしたい」という。サービスの利用は登録料五千円、一時間八百円（交通費は別）を予定している。問い合わせは地域生活支援ネットワークサロン内の「キャンナス釧路」☎0154・44・5527へ。

「介護などで疲れている家族のお手伝いをしていきたい」と話す竹内さん

【資料3】発会式の新聞記事

2006年6月30日付「北海道新聞」朝刊、道東版。

しまったのは、生まれて初めての体験だったと竹内さんはこのときの気持ちを振り返ります。

二〇〇六年一二月に、チャレンジ釧路フォーラムは最終回を迎えました。最後の企画となった公開フォーラムが釧路のホテルで開かれ、竹内さんも参加しました。委員の近藤信治さんが、今回の企画を通してキャンナス釧路の発会があったことを紹介してくれました。会場の参加者から多くの拍手をもらい、竹内さんは決意を新たにするのでした。

二〇〇六年は、竹内さんにとってチャレンジ釧路フォーラムに始まり、チャレンジ釧路フォーラムに終わった年でした。夏には一〇年来温めてきたキャンナス釧路のスタートがあり、大きな飛躍となった年です。釧路地方に住む、職業も年齢も経歴もさまざまな住民たちの自分たちで暮らしやすい町を目指そうとするエネルギーが竹内さんにも伝わり、キャンナス釧路の発会につながったのです。

(9) 代表は、呼びかけ人でもあり設立者でもある菅原由美さんです。阪神・淡路大震災でのボランティア活動をきっかけに、潜在看護師の力を少しずつ集めれば、地域や社会の役に立てるはずという思いが強まります。震災の翌年、一九九六年の年の瀬にキャンナスの説明会を行い、賛同者を募り、一九九七年に立ち上げました。詳しくは、菅原由美『いけいけ!ボランティアナース』(アニカ、二〇〇六年)を参照ください。

(10) 六人のフォーラム委員が、二カ月に一回程度集まり、議論し、具体的な政策提言もします。その内容を紙面で紹介したり、公開フォーラムを開催するなどして、広く市民と共に釧路地方の再生策を検討しようという取り組みです。二〇〇五年一二月二〇日付「北海道新聞」道東版。

(4) キャンナス釧路の活動

キャンナスは、有償ボランティアを活動の基本としています。活動を持続させるには、無償では限界があることを、キャンナス本部代表の菅原さんは発足当初から指摘しています。手弁当で持ち出しがあると「介護してあげる」という介護する側の慢心も出てきます。利用者にとっても有償の方が精神的に楽です。無償ならば、何かお返しをしなければと利用者に余計な負担を与えることにもなります。そして大事なことは、キャンナス活動がお仕着せやほどこしではないこと。メンバーの人たちは、相互扶助

【資料 4】

Q&A　ご利用に関するご質問にお答えします。

●訪問看護
Q　80 歳の母親が大腸ガンのため人工肛門を装着して退院します。家族だけでは定期的な交換や日々の体調の変化が不安なので定期的に訪問して欲しいのですが公的な訪問看護は週に一度決められた曜日と時間の訪問のみのため困っています。

A　酪農業の合間の時間を利用してその都度、適宜訪問致します。普段ご家族の方がされている人工肛門の交換や、その他健康チェックを行い、できる限り本人とご家族の希望する、納得のいく在宅介護をお手伝いします。

●外出支援
Q　病院に入院中の 90 歳の母親が、亡父の法事に出席したいと言っています。車椅子が必要ですし、チューブもついているので家族だけでは不安なのですが、病院の看護師さんは規則で付き添う事ができないということで困っています。

A　朝病院を出るところから病院へ戻るまでの 1 日にお付き合い致します。ご本人の体調や装着されているチューブなどにも注意しながら、一緒にお墓やお寺やご自宅での移動の介助をし、遠方から集まった親戚の皆様とも談話できるように配慮し、できる限り本人が納得のいくようにお手伝い致します。

●搬送介助
Q　根室で入院している 70 代の母親を、東京に住む自分達長男家族の近郊の施設に転院させたいと思っています。中標津空港までの移動は介護タクシーにお願いしたのですが、家族だけでは不安なので看護師さんにも付き添ってもらえますか。

A　根室で入院先の病院の看護師さんから病状の申し送りを受けたあと、車中付き添うとともに、空港での待機室にて休めるように連携対応をし、東京から迎えにくる看護師さんへの申し送りまで、遠方移送に係るお手伝いを致します。

●見守り看護
Q　酪農家です。在宅で 80 代の父親の介護をしているのですが、今回同居している娘が結婚することになり、親族として結婚式に出席するため家族全員が 1 泊 2 日留守します。介護中の父ができれば施設には入れずに、自宅で留守中滞在型訪問看護をお願いすることはできますか。

A　ご家族が外出するところから翌日戻るまで、ご自宅に滞在して一緒に過ごし、排泄介助、食事、移動介助等普段ご家族の方がされている介護を行います。

資料：「キャンナス釧路」パンフレットより転載。

の精神に基づいた対等な立場で看護や介護を提供したいと考えています。

キャンナス釧路の発足に際し、竹内さんは本部や他の支部を参考にしながら料金設定をしました。サービスを受ける場合、利用者は登録料五〇〇〇円が必要で、利用料は一時間六〇〇〜八〇〇円です。訪問交通費は実費をもらうことにしています。サービスを行う場合（サービス提供者のこと）、登録料は不要です。謝礼金として一時間四五〇〜六〇〇円、交通費は実費分支給してもらいます。

ＪＡはまなかデイサロン以外のキャンナス釧路の活動の一例に訪問看護があります。竹内さんは、二〇〇六年八月から二年近くにわたって浜中町内に住む八〇代女性の訪問看護に関わりました。末期がんの患者が住み慣れた自宅で暮らしたいと思っていても、八〇代の夫婦二人の生活では不安がいっぱいあります。釧路の総合病院の主治医と連携をとり、病棟の師長も応援してくれました。必要な看護技術も改めて学び直しました。Ⅱ部の「漁業者家族の看取り」（107ページ）に詳しく書いています。

ほぼ四日おきにストーマ交換に来てくれる、身近に暮らす看護師免許をもった竹内さんの存在は、ご本人や家族にとってどれほど心強いことだったでしょう。

重症心身障害児と家族を対象とした「口腔トラブル・心配事相談会」に、付き添って参加したこともあります。ＡＬＳ（筋萎縮性側索硬化症）で人工呼吸器装着の方の訪問看護の依頼もありました。

これまで実際に行ってきたキャンナス釧路の活動は、大きく分けると、訪問看護、外出支援、搬送介助、見守り看護の四つです。資料４（39ページ）に具体例を示しました。

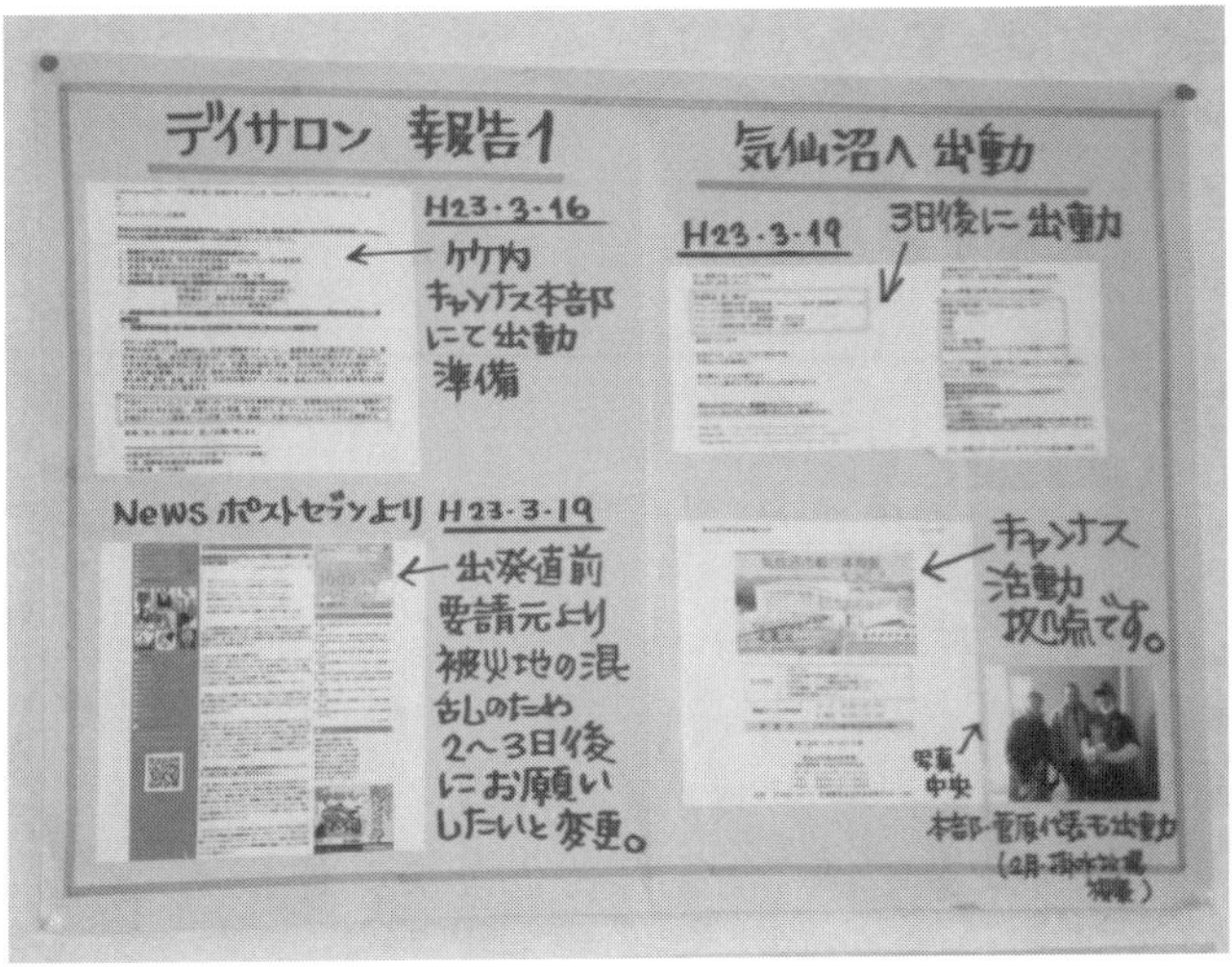

デイサロンに貼られた報告ポスター

デイサロンに貼られた報告ポスター

キャンナス釧路の存在を知り、根室市、厚岸町、弟子屈町など近隣市町からの相談や依頼もあります。できる限り、竹内さんは応えるようにしています。

(5) 東日本大震災の被災地支援

二〇一一年三月一一日、竹内さんは、波が引いていく海岸の変化を自宅の居間から見ていました。浜中町は、一九五二年の十勝沖地震と一九六〇年のチリ沖地震津波の二回、大きな津波被害を受けている町です。今回の震災では死傷者はいませんでしたが、漁業に大きな被害が出ました。

海外で大きな災害があれば必ず出かけていた竹内さんが、今回の大震災に際してじっとしているわけがありません。すぐに出動しなければと考えました。キャンナス本部の菅原さんと電話で連絡を取り合い、未曾有の大災害にキャンナスとして初めて災害支援医療チームを編成します。震災から六日後の三月一七日、竹内さんはキャンナス本部のある神奈川県藤沢市に行きました。ところが、宮城県気仙沼市に向かう予定に「待った」がかかります。その経緯や被災地での活動については、Ⅱ部（132ページ）をお読みください。

四月中旬に石巻市に支援に入ることになりました。デイサロンでも、被災地に向かう竹内さんに支援の気持ちを託そうと義援金を集める取り組みが始まりました。竹内さんの体調を気遣って、カイロやマスク、手の消毒液や常備薬を持たせてくれる利用者もいました。五万円を超える義援金が集まり、竹内さんは、デイサロンを通して託された多くの人々の思いを背負って、現地に向かいます。

新聞やテレビや街頭で呼びかけられる募金は、募金をした後に被災者に届けられるには時間がかかります。自分のお金がどのように使われたのか、具体的に知る機会は少なく、募金をしてしまえばそれで終わり、というケースが少なくありません。

竹内さんに託せば、具体的にどこでどのように使われ、どのように役に立っているのか、様子がわかります。被災地が人ごとではなく、心から支援したいと思っている人々にとって、竹内さんはリアルな状況を伝えてくれる頼もしい存在でもありました。

被災地支援から戻ってきた五月、竹内さんは浜中町内の子どもたちに被災地の様子を話す機会に恵まれました。

八月には、キャンナス札幌の代表らと共に、再度宮城県石巻市に行きました。その後も継続して被災地支援に取り組んでいます。

3　ＪＡはまなかデイサロンの運営

（1）運営のしくみ

ＪＡはまなかデイサロンは、毎週水曜日午前一〇時から午後三時まで開設されています。運営のしくみを図式化しました（図1）。場所と送迎バスの提供は農協、運営はキャンナス釧路です。

利用者は、月曜日までに農協営農相談課に電話かファックスで申し込みます。営農相談課の担当者が利用者の人数と住所を見ながら、ピックアップの順番を考えます。利用者数が多ければ、マイクロバスともう一台の乗用車に分けてルートを作成します。

オープン当初は、マイクロバス一台で利用者をピックアップしていましたが、最初に乗車した利用者は一時間ほどバスに揺られることになってしまいます。乗車時間の長さに利用者は疲れはててしまい、なんとかしてほしいと訴えました。その改善策として営農相談課の公用車をもう一台追加することにしたのです。公用車の運転は主に営農相談課の職員が担当します。

利用者がわかったならば、営農課相談係の和田さんが利用者宅の到着時刻と巡回ルートを作成したファックスを、キャンナス釧路の竹内さんとマイクロバスを運転してくれる浜中運輸に送ります。

料金は送迎と昼食代込みで一回一五〇〇円です。当初はチケット購入制を検討していましたが、利用

図１　JAはまなかデイサロンのしくみ

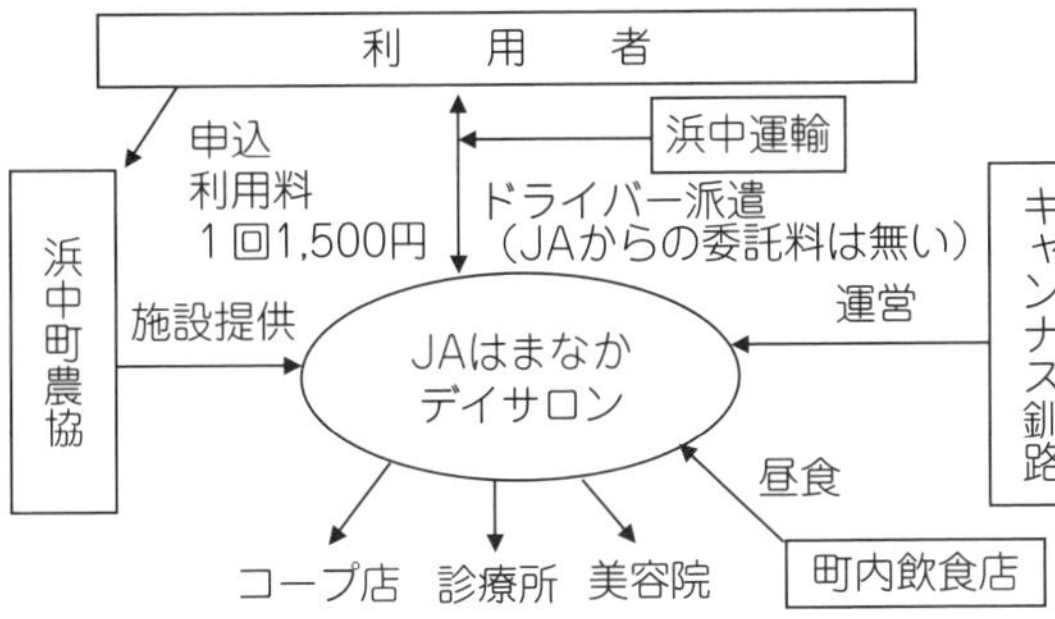

者は直接現金をスタッフに払います。スタッフは、利用料を集金し、デイサロンのすぐ横にある農協金融店舗の窓口に納めます。これが、デイサロンの収入となります。

デイサロンの支出は、昼食代、送迎バス等の給油代、事務費、キャンナス釧路に支払われる活動費などです。

二〇一〇年を例に挙げると、年間延べ利用者数は四七四人で、収入は約七〇万円でした。支出は、食事代が約七二万円、活動費が約一一八万円、消耗品費が二万五〇〇〇円、給油代が六万八〇〇〇円、その他事務費を合わせて合計二〇〇万円を少し超える金額です。年間約一三〇万円を農協が負担していることになります。高橋勇参事がトントンと電卓をたたいて計算してくれました。一回当たりに換算すると、一人の利用者につき四〇〇〇円の経費がかかるところを、二五〇〇円を農協がもち、残り一五〇〇円が利用者負担となります。

農協側は、利用者の申し込みを受け付け、送迎ルートを作成し、飲食店に昼食代を支払うことがデイサロンに関する主な仕事です。それ以外の運営は、すべてキャンナス釧路にまかせています。

キャンナス側は、デイサロン運営の委託料として、デイサロン一回につき三万円を農協から受け取っています。それをスタッフ六名で分けています。時給計算すると、北海道の最低賃金（二〇一〇年一〇月現在、北海道の最低賃金は時給六九一円です）程度かそれ以下というわずかな額です。わずかであっても有償にするのは、利用者の精神的負担を軽くすると同時にスタッフの慢心を防ぐというキャンナス本部の考え方を踏襲しています。

(2) キャンナスの考え方

デイサロンは、元気な高齢者を対象とし、介護保険とは無関係に運営されています。一応「元気」とはいえ、高齢になればどこか健康に不安を感じたり、体調不良になったりするものです。そこで看護師免許のあるキャンナスが運営に関わる意味が出てくるのです。

キャンナスの基本的な考え方は、困っている家族の手助けを行うことにあります。高度な看護技術を必要としているわけではありません。看護や介護で疲れている家族が少しでも休める時間を提供することに主眼を置いています(11)。

看護師としての経験年数や技術力などは問いません。自分ができることをできる範囲で行えばよいのですから、敷居が低いといえば低く、キャンナス活動の門戸を広げているといえます。一方、他人から指示されたことを従順に行うのではなく、自分の頭で何ができるのか考えなければなりません。自立し

前列右端が福田真知子さん（2010年11月）

た活動が求められます。

医療現場の看護師不足は深刻です。あまりの激務から「バーンアウト」（燃え尽き）して看護師を辞めてしまう人も多く、せっかく看護師免許をもっていながら、その免許を生かすことなく他の仕事に就いたり、家庭に入ってしまったりするケースも珍しくありません。酪農家のなかにも、就農前の職業が看護師だった人は、何人もいます。

竹内さんの「〝潜在ナース〟集まれ」と呼びかけた、キャンナス釧路の発会式を行う新聞記事（37ページ）に、深く共鳴した酪農家がいます。同じ浜中町内で酪農に従事している福田真知子さんでした。

福田さんは、広島県の出身。二三歳の時の参加した北海道お見合いツアーで、三歳年上の夫と出会い、結婚します。六年間の看護師経験を経て、結婚と同時にまったく知らない酪農の世界に入ります。

福田さんは新聞記事を読み、是非発会式に行ってみたい、私でも何か手伝えることがある、と思ったのでした。

キャンナス釧路の発会式は、二〇〇六年七月一八日の夜。場所は釧路公立大学です。この時期は、ちょうど牧草収穫期で、酪農家にとって最も忙しい時期です。その忙しさのなかで、福田さんの夫はころよく妻を送り出してくれました。酪農家の忙しさを十分承知している竹内さんにとって、わざわざ釧路まで駆けつけてくれた福田さんの存在が大きな励ましになったのでした。

デイサロンの運営に関して、竹内さんの右腕ともなっている福田さんです。竹内さんが海外災害支援で留守にするときには福田さんに竹内さんの役割が回っています。一方、牧草収穫作業などで忙しい時期には、福田さんはデイサロンよりも酪農の仕事を優先させています。できることをできる範囲で行うのがキャンナス活動の基本理念ですから、本業の酪農業に支障をきたすようなことはしません。

(11) 看護・介護分野の専門用語で、レスパイト・ケアと呼ばれるものです。レスパイトとは、休息、息抜きの意味。レスパイト・ケアは北米からヨーロッパに広まった地域支援サービスの考え方で介護者の一時的な休養や息抜きを提供します。

(3) デイサロンのスタッフ

JAはまなかデイサロンの運営を支えるスタッフは、二〇一一年現在、竹内さんを入れて六名です。

霧多布湿原センターでランチ（2008 年 11 月）
左から二番目が大島トシ子さん

茶内・西森様宅のオープンガーデンを散策（2009 年 8 月）
右端が高橋美雪さん

浜中・井上牧場でお花見（2011 年６月）
左端が橋本知枝子さん

後列右から三番目が掛水悦子さん（2011 年３月）

うち看護師免許をもつ人は、竹内さんと福田さんの二名です。キャンナスは、ナースができること（キャン）から命名されていますが、看護師免許のない人はお断りと排除してはいません。看護師でなくても熱意さえあれば、むしろ歓迎しています。

デイサロン開設時から関わっている大島トシ子さんは息子夫婦が、高橋美雪さんは夫が農協職員です。大島トシ子さんは、一級介護ヘルパーの資格をもっています。趣味の踊りや書道の腕を生かし、デイサロンの企画に反映させています。

栄養士資格をもつ高橋美雪さんは、デイサロンの昼食時に、手際よく食卓テーブルを整えます。利用者が持って来てくれた家庭菜園で収穫した野菜類を使って、味噌汁や簡単な料理を作ることもあります。それぞれの特技を生かしながら、デイサロンの運営を支えています。

オープン当初からのスタッフもいれば、転勤や家庭の事情などで辞めていったスタッフもいます。デイサロンのオープンから三年ほど経過した頃に、スタッフになったのは、浜中町生まれで浜中町育ちの橋本千枝子さんです。

橋本さんは、竹内さんが浜中町立浜中診療所で働いていたころからの友人でした。橋本さんの母親は霧多布で長く料亭を切り盛りしていた人。デイサロンの利用者から生前の母親を知る人がいて、母親の知らなかった話を聞くことができたり、料理好きの利用者からレシピを教えてもらったりと、「私の方こそ教えられることが多い」と橋本さんは言います。その温かな人柄は、デイサロンのなかでムード

ふまねっと運動（2008年3月）

みんなで食後にストレッチ（2008年7月）

書道を楽しむ（2010年6月）

フラワーアレンジメントを楽しむ（2009年1月）

メーカーとなっています。

橋本さんと同じ頃にスタッフに加わった酪農家がいます。東京出身のサラリーマン家庭で育った掛水悦子さんです。大正八年生まれの祖母（正確には夫の祖母）がデイサロンの利用者でした。いつも送迎バスに同乗して、玄関先まで送り届けてくれる竹内さんをやさしそうな人だなあと思いながら見ていました。デイサロンの日には、子どもを連れて、ときどき遊びに行くようになりました。そして、自分もスタッフとして関わりたいと自然に思うようになったのです。

掛水さんは、午後三時から始まる搾乳時間に合わせて、他のスタッフよりも先に午後二時にはデイサロンを後にします。酪農に関わる若い世代が、自分にできる範囲内でデイサロンに関わっています。

彼女らの共通項は、明るく、気が利いて、熱心です。かといって、押しつけがましくない。利用者がデイサロンに到着すると、すぐに温かいお茶を入れて声をかけてくれます。利用者が買い物に行こうとしたら、付き添ったり、美容院まで送り届けたりと、とにかく気が利くのです。利用者が快適に過ごせるのは、スタッフたちの気配りが行き届いているのでした。

スタッフを束ねているのが、キャンナス釧路代表の竹内さんです。スタッフのなかでは最年少ですが、チームワークを大切にしています。デイサロンの時間以外に集まり、何かを相談するといったスタッフ会議なるものは開いていません。デイサロンの当日に、それぞれが時間を見つけながら阿吽《あうん》の呼吸で、運営を行っています。

(4) メニューのない時間

デイサロンの利用者たちは、昼食以外は自由に過ごすことができます。デイサロンの日は買い物の日と決めている利用者は多くいます。家族と一緒だと時間をどうしても気にしてしまいます。デイサロンの日はじっくりと選ぶことができます。コープ店は、デイサロンに合わせて水曜日を特売日に設定しました。店側にとってもデイサロンの利用者は大事な客です。

買い物をしたり、美容院に言ったり、自分の用事を足す利用者。スタッフとオセロゲームを対戦する利用者もいます。友人たちとおしゃべりを楽しんだりする合間に、スタッフに血圧測定をしてもらう利用者もいます。血圧を測ってもらいながら、最近の体調を話し、健康相談にのってもらいます。

昼食時間の始まり以外は、何も決まっていない、メニューのない時間です。簡単な体操をしたり、踊ったり歌ったりのレクリエーションを企画するときもありますが、強制的ではありません。スタッフも利用者も、やりたくない人に無理に勧めたりはしません。特に決められた時間割はないのです。これが、ＪＡはまなかデイサロンの大きな特徴といえます。

(5) こまめな連絡体制

水曜日のデイサロンが終わると、竹内さんはその日のデイサロンの様子を簡単にまとめて、高橋勇参事にＥメールで知らせます。

業務日誌の提出です。日時、スタッフ、参加者人数と参加者名、活動内容、昼食メニュー、検討事項などの項目があります。二〇一一年六月の業務日誌の一部を以下に紹介しましょう。

【活動内容】

午前中は個々で用足しをすませ、サロンでは健康チェックをしています。サロン内の気温二五度湿度五四%と、暑い一日となり、四方向の窓を開けて風通しを良くするとともに、冷たい飲み物やうちわも用意し、暑さ対策をしています。

昼食は食中毒に十分注意しながら、オードブルに加え、スタッフの方でさっぱりとしたおひたしや果物、具だくさんのお味噌汁を用意し、椅子ではなく、床にお座敷風にセッティングしてみなで頂きました。組合長も顔出しされ談話も弾んでいます。

午後はゲートボールや美容室、役場への用足しやゆっくりと買い物へ出かける方、またふまねっと運動(12)や踊りなどで体を動かしたり、ゲームをしたりする方など、それぞれが自由な時間を過ごして楽しまれていました。

（二〇一一年六月二九日JAはなまかデイサロン業務日誌より引用）

(12) ふまねっと運動とは、五〇センチ四方のマス目でできた網を床に敷いて、網を踏まないように慎重に歩く運動です。高齢者の歩行機能の改善に効果があるとされています。北海道教育大学釧路校の生涯教育課程身体スポーツ文化研究室で考案されました。

キャンナスらしい配慮のある運営が業務日誌の行間から読みとることができます。デイサロンの視察者の受入や取材依頼など、高橋参事と竹内さんの連絡はこまめに行われています。

また、組合員向けにデイサロン便りを発行しています。月に一回の発行で、A4サイズ一枚の簡単な便りです。資料5を参照ください。

翌月のデイサロン実施日と、今月のデイサロンの内容が写真入りで簡単にまとめています。利用者はそれを見ながら予定をたてることができます。デイサロンを利用していない組合員にとっても、デイサロンの様子を定期的に知ることができる情報源となっています。

JAはまなかデイサロン便りを発行するようになったのは、二〇〇六年一月号からです。オープンして二か月が経っていました。竹内さんが原稿を作成し、データをデイサロン担当の農協営農課の和田さんに渡します。和田さんが印刷し、生乳集荷時に各酪農家に配布する資料と一緒に全農家に配っています。生乳集荷のない世帯には、郵送で送ります。

デイサロン便りを作成するキャンナス側も印刷・配布・郵送する農協側も一手間かかりますが、こうした取り組みがデイサロン継続の秘訣といえるでしょう。

【資料5】2011年8月号「JAはまなかデイサロン便り」

平成23年8月1日

「キャンナス釧路」代表　竹内美妃　0153（68）2577

『JAはまなかデイサロン』便り８月号

上：夏の暑い日。かき氷で涼みました。

左上：総勢25名の賑やかな昼食風景です。

左：芦田牧場の酉子さんが寄贈して下さったバック。デイサロンフリーマーケットにして大好評！

７月のデイサロンは夏らしい日が続きました。短い道東の夏を満喫し、皆でかき氷やスイカを食べて涼みました。もうしばらく暖かい、良い日が続くといいですね。週に一度のデイサロンです。お買い物や健康チェックを兼ねて、皆様お気軽にデイサロンをご利用下さい。

お待ちしております。

8月のデイサロン

10日・17日・24日・31日

（3日（水）のデイサロンはお休みです。）

時間：毎週水曜日10時から15時

料金：送迎・食事込み１回1,500円

申込：営農相談課電話65-2141まで

竹内が７月30日より再度石巻支援に入ります。デイサロンから被災地の慰霊の碑に供えるため、千羽鶴を作成中。

4　デイサロンの五年と利用者の変化

（1）メリハリのある企画と行事

二〇〇六年一〇月にオープンして五年間の歩みを表2にまとめました。時間割やメニューはないものの、季節に応じたお楽しみをスタッフが用意したり、利用者が提案したりと、内容は豊富なものになってきています。

一年の始まりは新年会で、百人一首のかるたなどお正月らしい遊びを楽しみ、二月は節分の豆まきをします。冬期間は、身体を動かす機会も少なくなるので、屋内でできるミニゲートボールや体操を取り入れたりもしています。

春には、戸外でお花見です。毎年、農協横の裏庭で、満開の桜やツツジを愛でながら昼食会を行っています。二〇一一年六月には、少し足をのばして利用者の庭で花見を行いました。

七月には、「デイサロン七夕祭り」と称して、短冊に願い事を書いて飾ったり、スイカ割りに挑戦したりして、夏らしい雰囲気を味わいます。九月に入ると、ススキと月見団子を飾ります。

毎年一一月に行われる「茶内地区総合文化祭」には、利用者みんなで参加するようになりました。二〇〇七年には、デイサロン開設一周年を記念して、演目「大正生まれの人生を唄う」を、二〇〇九年は「お座敷小唄」を披露しました。

表2　JAはまなかデイサロンの歩み

2006年10月	オープン。第1回の利用者は25名。
2007年1月 冬	『JAはまなか・デイサロン』便りを発行。以後月1回のペースで発行。 お手玉作り、百人一首など。
春	お花見 茶内小学校5年生の授業に参加。畑起こし、ほうれん草やじゃがいもの植えつけ指導を行う。
夏	雑誌の取材、十勝管内の農協などから視察者・来客者多数。 ふまねっと運動 ピアノ教室の青田智恵美先生伴奏による歌の披露
秋	デイサロン開設1周年を記念して「茶内地区総合文化祭」に参加。 演目「大正生まれの人生を唄う」
2007年12月	「年納めの宴」（スタッフの企画）ゲームと歌と踊り。24名の参加。
2008年1月 冬	利用者よりこたつの提供。 ふまねっと運動、ミニゲートボール、歌など。
春	第2・第4水曜日には茶内コミセン横のコートでゲートボールが可能になる。
夏	竹内さんの「ご苦労様会」（ミャンマーへの医療支援活動） ストレッチ体操
秋	デイサロン開設2周年記念「ワンデイシェフのスペシャルランチ」霧多布湿原センターで。参加者26名。
2008年12月	「年納めの会」
2009年1月 冬	花飾り作り（アトリエコスモス・福澤智子先生、第一地区の山口美由紀さん）
春	農協本部横の中庭でお花見
夏	元釧路市長と談話。 秋の芸能発表会に向けて歌の練習（ピアノ伴奏：青田智恵美先生） オープンガーデンを散策（茶内・西森様宅）
秋	「デイサロンｉｎ牧場祭」 「デイサロンｉｎ湿原センター」 デイサロン開設3周年を記念して「茶内地区総合文化祭」に参加。 演目「お座敷小唄」
2009年12月	「年納めの会」
2010年1月 冬	豆まき（2月3日）
春	お花見ランチ 「皆で牛について語る」
夏	デイサロン七夕祭り 「森のくまさん」でランチ
秋	防災の日に合わせて消火訓練とAED操作講習会 デイサロン開設4周年を記念して「茶内地区総合文化祭」に参加。 デイサロン俳句の会
2010年12月	「年納めの会」
2011年1月 冬	新年会 節分・豆まき（2月2日）　ゲートボール大会
春	東日本大震災の被災地へ義援金を集める お花見 ハンドセラピー　　アニマルセラピー
夏	デイサロン・フリーマーケット 東日本大震災の被災地慰霊の碑に供える千羽鶴の作成
秋	「デイサロンｉｎ牧場祭」

資料：『JAはまなかデイサロン』便りを元に作成。

かるたを楽しむ（2009 年 1 月）

農協横の裏庭で花見（2009 年 5 月）

節分の豆まき（2010 年２月）

スイカ割り（2010 年７月）

スイカ割りのスイカをいただく（2010 年 7 月）

七夕祭り（2010 年 7 月）

「大正生まれの人生を唄う」の練習（2007 年 10 月）

茶内地区総合文化祭に参加（2009 年 11 月）

年納めの会（2007 年 12 月）

ひな祭り（2010 年３月）

ひな祭りの食事（2010年3月）

サンタクロースもやって来た（2010年12月）

クリスマス会（2010年12月）

霧多布湿原センターで「デイサロン２周年祝」ランチ（2008年10月）

一二月、年の最後のデイサロンでは「年納めの会」と称して、少し豪華なランチにして一年無事に過ごせたことを参加者みんなで感謝します。

季節の行事を取り入れ、メリハリのある企画を考えています。スタッフが提案することもあれば、利用者からの希望を取り入れることもあります。

デイサロンの壁には、殺風景にならないように、前回の活動内容が分かる写真入りのコメントなどの掲示物が貼られています。

(2) 地域の人々と関わる

デイサロンを通して、利用者は地域の人々と関わる機会が多くなりました。

二〇〇七年五月には、茶内小学校の五年生の授業にデイサロン利用者の有志三名が参加しました。小学校の先生から竹内さんに依頼があったのです。畑起こしやじゃがいもの植えつけなど学校菜園で小学生たちに教えながら一緒に農作業です。

茶内地区総合文化祭で歌を歌う時には、カラオケでは歌いにくいと、生のピアノ伴奏をしてくれるピアノの先生に来てもらっています。花飾りを作るときには、地元のフラワーアレンジメント作家の先生に直接習いました。

二〇〇八年一〇月には、「デイサロン二周年」を祝って、霧多布湿原センター(13)でスペシャルランチを楽しみました。この日は二六名の参加者となり、大好評でした。同じ町内にある施設であっても、初めて訪れる利用者もいたからです。一日だけの「ワンデイシェフ」が作る料理が美味しく、霧多布湿原センターで食事をとる企画は、その後も何度も取り入れられるようになりました。

(13) 霧多布湿原センターは、一九九三年五月に霧多布湿原を眺望できる高台に建てられました。認定NPO法人霧多布湿原トラストが指定管理者として運営しています。建物のなかには、雄大な湿原を眺めながらコーヒーが飲めるスペースがあり、地場産や旬の素材を使ったランチも楽しめます。

(3) 常連は石橋組合長

デイサロンの一番の常連は農協組合長です。石橋榮紀《しげのり》さんは、出張で不在の時以外は、水曜日のデイサロンには必ず顔を見せ、利用者と一緒に昼食を摂るようにしています。組合長と直接話ができるこの時間を利用者は大変楽しみにしています。

「オープン当初は、私も行っていたのですけどね。今ではもう組合長一人にまかせています」と佐々木隆雄専務理事（当時）は言います。石橋さんも「私は〝ばあちゃんずペット〟とか〝ババドル〟（ばあさんたちのアイドル）と呼ばれていますから」と、自他共に認めるデイサロンの人気者です。

昼食時間になると、一階のデイサロンに降りて来て、利用者一人ひとりに声をかけます。

「しばらくだねえ。元気だったかい。あまり姿が見えないものだから、そろそろ香典の準備でもしよ

組合長とおしゃべり（2007年9月）

組合長との談話（2009年2月）

組合長も女性部の方々も顔を見せてくれる（2009 年７月）

うかと思ってたよ。」

知らない人が聞くとドキリとする軽口です。それがまた利用者の心を温かくします。石橋さんの信条は、ＰＰＫ（ピンピンコロリ）です。長く患って病床にいるよりもピンピンしていて、突然コロリと死んでいきたいものだと常々話しています。

『浜中町農協史　第５集』（二〇〇八年五月一日発行）には、「それぞれの体験と想い」と題する章があります。そこには九名の高齢者が文章を寄せていて、うち四名がデイサロンの利用者です。デイサロンのいつもの昼食時間に石橋組合長が「何か書いたら農協史に載せるから、何でも書いて欲しい」と利用者に提案しました。デイサロンの開設を心から喜んでいる利用者の声やこれまでの酪農の苦労が綴られています。

二〇一〇年秋には、手のひらサイズの小さなノート二〇冊をデイサロンに持ってきました。「俳句をやるべ」という石橋さんの提案です。書くことから遠ざかっている高齢者が、文章をまとめ、俳句に挑戦してみることで、PPKをめざす。石橋さんはときおり利用者に新たな提案をして刺激を与えているのでした。

いつも顔を見せ、相談事に乗り、昔話を聞き、時に知的刺激も与える石橋組合長の存在は、利用者にとってはうれしいものです。農協トップのデイサロンに対する姿勢から、数々の苦境を乗り越えてきた高齢者への敬意が感じられるのでした。

(4) 利用者の変化

二〇〇六年一〇月にデイサロンを開設して五年余、利用者のうれしい変化がありました。手押し車を使って歩いていた九〇代の女性は、数か月で手押し車無しで歩けるようになりました。デイサロンの存在で救われたと話す利用者もいます。八〇代の女性は、夫の介護に疲れているときも、夫を亡くして自分を見失いそうになったときもデイサロンに行くことで気持ちがほぐれていきました。

体調を崩して入院していた利用者は、早く元気になってデイサロンに行きたい。この気持ちを励みに療養したといいます。

週に一度、友人たちの顔を見ておしゃべりを楽しんだり、スタッフに健康相談をしたり、話を聞いてもらうことで、生活に張りが出て、精神的に癒されていくのでした。

しかし、全体的にみると、利用者数は徐々に減少してきています。二〇〇七年の年間利用者数は五七六人、二〇〇八年は五六三人、二〇〇九年は四九二人となっています（浜中町農協提供データによる）。一年を通して利用延べ人数が五〇〇人を超えていましたが、四年目あたりから五〇〇人を切るようになりました。徐々に利用者は減少してきています。それは、オープン当初からの常連だった利用者が年を重ね、参加することが億劫になったり、亡くなったりしているからです。

デイサロンの利用者だった高齢者が病気にかかり訪問看護が必要になって、個別にキャンナス釧路に依頼するケースも出てきています。

開設時から利用者していた八〇代男性ががんを患い、自宅療養となりました。同じくデイサロン利用者の八〇代妻は、入浴介助を竹内さんに頼みます。自宅療養の夫にとっても介護する妻にとっても、竹内さんの訪問はとてもうれしいものだったと述懐します。

デイサロンで顔みしりになり、スタッフへの信頼感がでてくると、入浴介助など個別の対応も頼みやすくなります。これは、デイサロン開設当初から竹内さんが予測していたことでもありました。看護師免許を持っているからこそ、安心して家族の代わりとしてのボランティアを頼めるのでした。

また看護師免許を持っていないスタッフに対しても、デイサロン以外のつながりができています。「野菜がいっぱいできたから取りにおいでよ」と利用者からときおり電話がかかってくるスタッフもいます。デイサロンであまり話ができなかった利用者から「元気だったかい」と電話がかかり、おしゃべりをすることもあります。話相手を求めている高齢者も多く、デイサロンの利用をきっかけに、スタッフが時に「傾聴ボランティア」にもなっています。

5　おわりに

（1）酪農家による酪農家のための福祉活動の意味

二〇〇〇年四月に介護保険制度が始まって一〇年余が経ちました。農村部においても、介護福祉事業に取り組む農協も増えてきました。しかし、人材確保が難しく、国が決めた介護報酬のなかで黒字にするには非常に困難で採算が取れず、事業展開は極めて厳しい状況です(14)。

かつての農村部にあっては、保健婦や生活改良普及員が各農家を回り、健康相談や栄養指導を行っていた時代がありました。農家生活特有の生活面での課題があり、法的制度的整備がなされていた時代のことです。

高度経済成長期を経て農家生活は都市生活者並みになり、農家特有の生活問題は解決されたとされ、生活改良普及員制度は無くなり(15)、保健師が各農家を巡回指導することも少なくなっています(16)。介護保険制度のもとで、各市町村には地域包括支援センター(17)ができ、介護相談窓口として必要な相談支援が受けられるようになりました。しかし、農家特有の生活上の特徴を理解して対応するには十分とはいえない現状です。また、行政の枠内での対応は制約が多いのも現実です。

ＪＡはまなかデイサロンは、酪農家が酪農家による酪農家のための高齢者福祉を自らが作った事例です。国や行政に頼らず、自分たちのできる範囲でできることから始めました。介護保険事業とは無関係に実施されているので、柔軟な対応が可能です。地元の人々によって運営されているので、利用者の生活状況をよく理解しています。キャンナスという看護師免許をもつボランティア組織が運営しているので、大きな予算を必要とせず、かつ適切な対応が期待できます。他の農村地域にあっても、実現可能な参考事例と言えるでしょう。

(14) ＪＡ全中資料によれば、農協の介護保険事業所数は、二〇〇七年の一一一二をピークに二〇〇九年には一〇五七と減少しています。

(15) 生活改良普及員は、一九四八年に公布された農業改良助長法に基づいて作られた農山漁村の農家・漁家に直接接して生活指導を行う専門職でした。一九九一年には、農業改良普及員と生活改良普及員の区分が廃止され、二〇〇四年には、普及員の名称が普及指導員となりました。

(16) 一九四七年、開拓農家によって日本農業が支えられていた時代に、「開拓医、開拓保健婦、開拓助産婦設置規則」がもうけられました。この規則に基づいて働いたのが開拓保健婦です。一九七〇年に農林省から厚生省に身分移管となり、開拓保健婦は最寄りの保健所職員となり、その役割を終えました。開拓保健婦の記録をまとめたものに、大西若稲『さい果ての原野に生きて　開拓保健婦の記録』（日本看護協会出版会、一九八五年）などがあります。

(17) 各区市町村に設置されている高齢者の生活問題全般に関する相談を受ける機関です。二〇〇五年の介護保険法改正により制定されました。

（2）生活問題にも目を向ける農協

ＪＡはまなかデイサロンの取り組みは、農村の高齢者福祉に関わる農業関係者が注目し、多くの視察者が訪れるところとなりました。実際にデイサロンを見学し、担当者から話を聞いた感想として「なんだ、これだけか」という印象をもつ人が多いようです。週に一度、高齢者が集まって昼食を食べて、おしゃべりして帰っていくだけのこと、なのです。

高橋勇参事自身も、「なんも、たいしたことはやっていない」と言います。ここで、あらためて、「なんだ、これだけか」が実現できた農協の姿勢をまとめておきます。

ひとつは、生活上のさまざまな問題に関して女性の意見や感想を聞く姿勢が農協にあったことです。ＪＡはまなかデイサロンの取り組みは、もともとは女性の意見をくみ取るところから始まりました。農協中央会も男女共同参画社会の実現を掲げ、女性の意見が農協運営に反映されるようにいろいろな取り組みや目標を掲げていますが、女性の社会進出は遅々として進まないのが現実です(18)。女性の意見を農協運営に反映するには、その地域にあった方法を見いだし、風通しの良い社会を目指すことも必要かと思われます(19)。

二つは、個々の酪農家の問題を地域全体で解決しようとする姿勢です。きょうだいの数が多く、農家のほとんどが拡大家族であった時代には、介護が必要となれば家族内の誰かが対応できていました。少子化が進み、平均寿命が伸び、農業後継者も不足している今日では、家族内だけで介護を行うのは困難です。ＪＡはまなかデイサロンは、運営はキャンナス釧路が、送迎は町内の運輸会社が担当しています。農協を中心にして、地域ぐるみでデイサロンを支えている形態となっています。

三つは、農協のトップの姿勢です。組合長自らが、デイサロンに顔を出し、利用者との交流を図っています。利用者だけでなくデイサロンの運営を支えるスタッフにとっても、これは大きな励みとなっています。

(18) 第二五回ＪＡ全国大会決議で、女性の参画目標を正組合員の二五％以上、総代の一〇％以上、理事等は二名以上と掲げています。

(19) 浜中町農協は、各地区から選出される運営委員三名のうち一名は女性にすることにしています。

(3) 農村部こそキャンナスを

最後に、キャンナスの役割について考えてみたいと思います。ＪＡはまなかデイサロンが五年余にわたって継続できているのは、先に述べた農協の姿勢はもちろんですが、竹内さんをはじめとするスタッフの努力や熱意に負うところが大きいと考えられます。

デイサロンの運営上の特徴を整理してみましょう。

ひとつは、無理をしていないことです。無理をすれば、どこかや誰かに負担やしわ寄せが来てしまい、長続きしません。たとえば、毎年秋になれば、年中行事のように地域の文化祭に参加していますが、必ず参加しなければといった義務感はありません。その年によっては利用者が積極的にならない年もあります。利用者の状況を見ながら、柔軟な対応をしています。

また、スタッフのなかには、牧草収穫作業の忙しい時期や家庭の事情などでデイサロンに関われない時もあります。デイサロンのスタッフであることが負担にならないように、お互いに協力しあって運営しています。

二つは、フットワークが軽く、自分たちで考えて対応していることです。デイサロンは、高齢者が快適に過ごすためのものです。利用者の立場でできるだけ要望を聞き入れるスタンスをもっています。これといった決まりも規則もなく柔軟に対応できているのは、介護保険制度と無関係に運営されている強みでもあります。加えて、誰かからの指示に従って動くのでなく、自分たちで考え、判断できる能力が発揮されていることも特筆しておきたいと思います。

ＪＡはまなかデイサロンを訪れた視察者が「なんだ、これだけか」と思うのは、無理をせず、軽やかに対応している竹内さんたちスタッフのフットワークの軽さと判断力が、そうした印象を与えるのかも知れません。

三つは、とりあえず元気な高齢者が、将来的に介護が必要になった時のことを見越しているという点です。デイサロンで顔みしりになったスタッフには、安心して入浴介助や病院への付き添いをお願いすることができます。また、デイサロンを利用していない高齢者も、キャンナスの存在がわかれば、いざというときに頼めるという安心感も生まれます。

ＪＡはまなかデイサロンの事例は、農村部における高齢者福祉のひとつの方策を示唆しています。農村部では、二〇〇〇年の介護保険制度の実施直後には民間企業の参入もありましたが、採算が合わずに撤退する事例が相次ぎました。特別養護老人ホームは入所待ちで、希望していてもすぐに入所することは困難です。農村部は都市と比較して介護過疎地にもなっているのです。

キャンナスは、全国各地で支部が作られ、潜在看護師の力を社会に役立てようとするボランティア組織です。農村部にあるのは、今のところキャンナス釧路だけですが、農村部こそキャンナスがその役割を発揮できる地域だと思えてなりません。

Ⅱ部
酪農家として　看護師として

1　酪農家としての第一歩

縁あって本州から夫婦で北海道へ移り住み、釧路管内浜中町で暮らし始めて今年（二〇〇九年）で一一年になります。一〇四年の歴史を刻む貰人《もうらいと》小学校（二〇一〇年三月に閉校となった）の丘を上がった所に竹内牧場があります。この竹内牧場は二〇〇一年春、一面の原野を夫婦で開拓し始め、私の酪農家としての第一歩も始まりました。

私は神奈川県の藤沢市辻堂で幼少期を過ごし、鎌倉で学園生活を送り、看護師になってからは横浜の救命救急センターでしばらく勤務をしていました。阪神淡路大震災の時に、兵庫県芦屋市の避難所でボランティア活動をしたことが縁で、京都出身の夫と結婚をしました。夫は農業大学校で酪農を勉強し、将来は牛の家畜人工授精師として北海道で酪農業に携わることを志していたこともあり、私もその夢を応援、夫婦で北海道へ移住、酪農業を始めることになりました。

今わが家には一二頭の牛がいます。搾乳牛が六頭、若牛が四頭、子牛が二頭（二〇〇九年一〇月現在）です。ほとんどの農家の方々は、季節に関係なく牛を順番に分娩させて、年間を通して搾乳をしていますが、わが家は季節分娩といって、春に分娩を集中させて、夏、秋と搾乳をしたら冬は人間も牛たちもお休み、という経営形態にしています。

毎朝、夕に搾乳する竹内

搾乳期間は、朝と夕方どちらも四時から七時くらいまで。一頭ずつ順番に搾乳をしています。春は分娩ラッシュや子牛の哺乳などの世話が加わり、その時期を過ぎると牧草刈りや、畑作業、冬支度として薪の準備などをして日々過ごしています。夫は牧場の仕事をしながら、家畜人工授精師として町内外問わず各農家の牛の人工授精の依頼に対応しているため、私一人で分娩の介助や搾乳にあたふたしていることも多いのです。

私が移住した当時、町の診療所に「赤ひげ先生」として慕われている先生がいらっしゃいました。道下俊一先生です。一九二六年生まれの先生は、北大病院の医師として札幌で勤務されていたのですが、一九五二年に起きた十勝沖地震の津波被害支援のために、釧路管内浜中町の霧多布という、被害が最も大きかった地域に翌一九五三年に一年間という約束

季節分娩なので、搾乳作業があるのは、4月から12月まで

で派遣されました。今で言う、災害医療支援です。その後四七年という長い間、浜中町の地域医療に功績を残された、まさに地域医療の第一人者です。道下先生からお声かけをいただいたことがきっかけで町の診療所に三年間勤務しました。今、こうして酪農地域で看護に取り組むにあたって大変役に立つ経験だったと思います。

酪農業の分野において、私にとっては初めてのことばかり。日々接する牛たちに対してもこれでは失礼だと思いました。大学卒業後、今度は看護の勉強から一転、酪農の勉強をしようと、北海道立別海高等学校の農業特別専攻科へ入学しました。この専攻科とは、主に酪農家の後継者の方が朝夕、家の手伝いをしながら日中通い、学べる、まさに酪農家のための科です。私もその後継者の方々と同じように朝の搾乳を終えて急いで登校しては、自宅での酪農作業で見つけた疑問や発見をいつも授業中に質問し、多くの仲間たちと一緒に酪農の基礎知識、技術を一から勉強することができました。丁寧にご指導くださった先生方や支えあう仲間たちのおかげで、酪農家としての今の私があり、酪農経営の将来の展望を、見出すことができたのだと思っています。

わが家のような小規模酪農で生活がやっていけるのかと、よく言われます。私の目指す「牧場」は、私が生きるための生業であると同時に、少頭数であるがゆえに作ることができる時間を、看護師として地域に生かし、それにより側面からも酪農業を支え、結果としてどちらも社会のために役立ち、さらには世界のためにも役立つものでありたいと考えているのです。

地域が栄えるには、支え合いが大切です。地域の中で協力し合い、みんながそれぞれの仕事を一生懸命取り組んでいける環境が、地域産業を発展させ、新しい地域の文化を育んでいくのだと思います。地域住民が持つ一人ひとりの小さな力を、多くの人たちが持ち寄ることで大きな力にできるように、私はこれからも酪農家、そして看護師でもある一地球市民として、広く世界に発信していきたいです。

2　キャンナス釧路を立ち上げる

酪農家としての第一歩を踏み出した私でしたが、看護師としての資格や経験をこの地で生かすことはできないかをいつも考えていました。

まず、頭に浮かんだのはボランティア団体「キャンナス」でした。キャンナスとは、結婚をして子育て中の、または現役を引退された方など、家庭に入り看護師資格を眠らせている潜在看護師の方たちに呼びかけて、立ち上がったボランティア団体です。

移住する前、横浜市内の救命救急センターで三交代勤務をしていた一九九七年当時、新聞で初めてキャンナスの発会の記事が紹介されました。「自分の空いている時間に看護師資格を生かして、在宅介護をされているご家族を地域で支援しませんか」と、これまでにない新しい試みのメッセージでした。

この理念に深く共感した私は、キャンナス発会式に参加しました。多くの潜在看護師の方々が集まる中、私は現役の看護師としてこのキャンナスの活動に加わった、初代からのメンバーです。

もちろん活動は三交代勤務の休みの日と、夜勤明けの時間を利用しました。私が出かけたのは、障害があって吸引や経管栄養の必要な子供を持つ母親のところです。二四時間拘束されている母親がつかの間の買い物を楽しんだり、少しでも休むことができます。孫の結婚式に参列したい高齢者に車いすを押しながら付き添ったこともありました。

北海道への移住を決意した時は、救命救急センターでの看護から、そしてキャンナスとしての看護活動からも、離れてしまうことには寂しい気持ちもありましたが、それよりも次は北海道で、自分が酪農をしながら、看護師としても地域で役に立つような「キャンナス支部」で活動しているイメージが、すでに頭の中ではぼんやりと浮かんでいたように思います。

「キャンナスは必ずここ北海道でも必要性がある」と思いながら約一〇年、胸の中でじわじわと思いを温めていました。そのような中、二〇〇六年に、北海道新聞の企画で「チャレンジ釧路」という新聞連載が始まり市民フォーラムが行われ、私は一般聴講者として参加しました。そのフォーラムで地域住民に呼びかけた「地域のために新しいことにチャレンジしよう！　チャレンジする人を応援しよう！」という熱いメッセージに心を動かされ、ついに私も一〇年温めていた「キャンナス釧路」の立ち上げを決意しました。

「キャンナス」という活動がきっとこの地域のためになり、必要性があること、そのために私がここ釧路地域で挑戦したいこと、これらを思い切って提言してみました。すると、フォーラムの座長を務めていた釧路公立大学の学長始め、フォーラムのパネリストの方々が、地域にチャレンジする私の背中を大きく押してくださり、ついに「キャンナス釧路」を発会することになったのです。

発会式には、案内を新聞で見た釧路地域の医療関係者の方や、要介護者を抱える家族など、多くの方

ミャンマーでの国際支援活動を終えて帰国した竹内の「ご苦労さま」会（2008年6月）

が参加してくださいました。また、牧場の搾乳時間に重なった夕方の発会式にも関わらず、「看護師として眠っている資格を地域に活かそう」という主旨に元看護師だった酪農家の方までも、かけつけて下さいました。とにかく、多くの方が自分の力を少しでも地域のために生かしたいと考えていることに、私自身がたくさんの勇気をもらえました。

酪農地域では、家族の介護は家族が担い、特に女性が家事、酪農業、子育て、介護とすべてを担っている家庭がほとんどです。高齢化が進み、介護する側も高齢となりつつある今、これからの社会は家族だけで抱え込むのではなく、社会、地域の助けを借りながら協力し合える社会を目指したいものです。潜在している元看護師の方や、地域に協力したいという多くのマンパワーを活用して、地域内で助け合える力を高めたいと思います。

そのためには、私自身が地域の基幹産業である酪農業をしながら暮らす看護師として、地域の方と同じ目線で物事を考え、手をさし伸ばすことのできる、酪農家でもある看護師だからこそ託されている、私に与えられた看護の使命ではないかと思うのです。

3　JAはまなかデイサロンの開設

私が「キャンナス釧路」を発会したとき、浜中町農協の参事から、一〇年来抱えている浜中町の酪農家の介護問題について協力してほしいと相談されました。

浜中町の酪農地帯は、広大な土地に農家が点在しています。車がなくては外出手段がありません。高齢となり車の運転免許を手放すと、一人で外に出る機会は少なくなります。家族以外の人と語らう場はなくなり、地域の友人たちと会う機会も減り、自宅にこもりがちとなります。社会とつながりのない生活環境は、ゆくゆくは認知症といった病気への影響にもつながりかねません。

酪農家が抱えている高齢者の現状を、参事や女性部の方々から伺いました。まだ介護は必要ではないけれども、自宅から外出する機会がめっきりと減ってしまった高齢者を、まずは外出させてあげられるような活動はどうか。「デイサービス」としてしまうと、「まだ自分に介護は必要ない」と参加しない方が多いだろうから、「デイサロン」という名前にして、元気な方々も自由に気がねなく参加できるスタイルが良い。そして病気予防ができるといいね。もし病気になった時には、スタッフの看護師さんたちに自宅へ訪問してもらいやすい環境を少しずつ作っていくというのはどうだろうか。こうしたアイデアが生まれて、「JAはまなかデイサロン」は開設しました。

場所は農協事務所の空き部屋を活用し、毎週水曜日の午前一〇時から午後三時まで実施しています。利用者は、この時間を利用して買い物や美容室、診療所に行くこともできます。

最初の利用者は二五人。私たちが思っていた以上の人数でした。現在でも多いときには二〇人、平均一〇から一五人前後の方が参加しています。女性十人に対して男性は四人程度の割合です。最高年齢は九四歳で、下は七四歳、平均年齢は八二歳です。「最初は気が進まなかったのだけど、家族に勧められて来てみて良かった」という方や、「自分たちの時間が作れるようになりました」という家族の声も寄せられています。

利用者は、昔からの友人たちにまたこうして子供のころのように毎週会えることを、満面の笑みで喜んでいます。すっかり会う機会がなくなったかつての酪農仲間との昔話に、花が咲くのです。

また、「外出して戻ってくるおばあちゃん（おじいちゃん）がとても明るくなった」、「その日にあったことなど上機嫌で話してくれる」と一緒に暮らす家族も、デイサロンの効果を感じています。家庭内の会話にも新しい風が吹いたようです。

繁忙期で忙しい家族にとっては、お年寄りを病院や美容院などにゆっくりと連れて行ってあげることに、なかなか十分な時間を割くことができません。お年寄りも遠慮して言い出せません。外出先としてデイサロンができたことで、高齢者は家族に気兼ねすることなく好きなことが一日できます。家族も高齢者の世話から一時的に開放されるのです。デイサロンは高齢者本人とその家族、どちらにも休息を与

農協の前庭で昼食をとるデイサロンの利用者たち

えるという役割を担っています。
開設から三年。利用者の方々は年齢を重ねながらも、生き生きと若返っている姿が見えます。当初から私たちは、参加される方に自由に時間を過ごしていただくため、一般的なデイサービスのような毎週決まったレクリエーションは一切行ってきませんでした。それが結果として良かったと思います。今では、私たちスタッフからではなく、利用者の方々が案を出したり、計画を立てたりして、発表会などの目標を決めてさまざまなことに取り組むようになりました。サロンのない日は、同じ地域の元気のない友人たちに声を掛け合い、「一度出ておいでよ」と誘い合う雰囲気があふれています。
デイサロンを今まで以上に定着していけるように活動するだけでなく、今後は高齢や病気等により体力が低下し、外出もままならなくなってしまった方への支援も考えています。というのも最近、病いに倒れてこれまでのように参加できなくなった方がいました。「知らない看護師さんに家に来てもらうより、いつもデイサロンで一緒にいた美妃さんに訪問看護をお願いしたい」と、キャンナスに依頼をくれたのです。

閉鎖的といわれる農村地域、酪農地域において、このように深い信頼関係をデイサロンの活動を通して築いていくことが、私が目指している地域看護のあり方です。浜中町に開拓に入り、厳しい自然環境の中で酪農業を築き上げ、支えてこられた方に対して、最後まで農協と地域が敬意を持って支え、見守っていくことは、若い世代の私たちに与えられた使命だと思います。子供からお年寄りまで幅広い年代の人にとって有意義な場となるように、デイサロンが定着してほしいと思います。

4　デイサロンを支えるスタッフたち

ＪＡはまなかデイサロンは、農協から私たち「キャンナス釧路」が委託を受け、委託金をスタッフの活動費として運営しています。私たちの活動は利益を目的にはしていませんが、全くの無償ではなく、活動の実費はいただくことで活動を継続する、有償ボランティア活動です。デイサロンの利用料は、自宅からの送迎と昼食を含めて、一回一五〇〇円。無料にしていないのは、利用する側も気遣いをせずに利用でき、手伝う側もきちんと実費をいただいて活動しているという責任を持ち、常に「困った時はお互いさま」の精神で、キャンナスは活動しています。

スタッフは私を含めて五人（二〇〇九年現在）。そのうち、看護師は二人で、その他の三人は地域で自分の力を少しでも生かせたら、と手を挙げてくれた素晴らしい仲間たちです。デイサロンでは、それぞれの良さが随所で生かされています。

まず看護師の私たちは、一人ひとり血圧測定をしながらお話を伺い、健康面、その他の相談などを含め、運営全体のことを担当しています。風邪やインフルエンザ、食中毒予防にも気を配り、活動中の利用者の体調変化やけがにも注意しています。

デイサロンを支えるスタッフたちを紹介しましょう。

看護師の真知子さんは、町内の酪農家に本州から嫁いできた方です。私の「キャンナス釧路」発会に対して、「この活動は必ず地域のためになる」といち早く私の思いに共感してくれた人でした。ご家族も真知子さんの背中を押して協力してくれています。繁忙期である牧草収穫の時期には、家の牧場作業を優先してもらっていますが、冬期や私が不在の時には必ず助けてくれる、頼もしい私の右腕です。

開設当初からのメンバーには、ホームヘルパー一級のトシ子さんもいます。日々頼まれる仕事を調整して、いつもデイサロンを優先して手伝ってくれています。トシ子さんは、町内各地で踊りの先生も頼まれるほど踊りが上手で、書道に関しても師範を持っている芸術家です。利用者を楽しませるレクリエーション能力は抜群で、いつもデイサロンには笑いが絶えません。芸能発表時には企画、指導をお願いし、書道や絵を皆が楽しめるようにと毎回何か企画してきてくれるその心意気に、私はいつも励まされています。

それから、私にとって専業主婦の鑑（かがみ）だと尊敬している、三恵子さんと美雪さん。デイサロン開設時から、仲良しの二人でお手伝いを始めてくれました。三恵子さんは新しく就職が決まってデイサロンは現在休業中です。三恵子さんは以前、私たちスタッフが作業をしやすいようにと、それぞれにあったエプロンや腕カバーをさりげなく手づくりしてくれました。優しい心配りが私の胸にしみたことを、あらためて思い出します。

そして主婦の鑑代表のもう一人は、栄養士の美雪さん。その資格を活かして、主に昼食のコーディ

キャンナス釧路が釧路新聞社主催のボランティア優秀賞を受賞
（2009 年 10 月）

ネートをお願いしています。美雪さんは、いつも利用者が持ち寄ってくださる野菜をさまざまな形にアレンジして、パパッと付け合せを調理してくれます。おかげで彩りも栄養バランスも取れる華やかな食卓となり、私たちの食欲をそそるのです。

開設当時協力してくれていた、作業療法士の方が、残念ながらご主人の転勤で遠方へ引っ越すことが決まった時、ぜひこの方をと紹介していってくれた方がいます。「リフレクソロジー」の資格を持つみつ子さんです。リフレクソロジーとは、足のマッサージの専門資格のことで、いつもサロンでは自前のリクライニングベットを広げて、希望する方にマッサージを提供してくれています。これがお年寄りの方になかなか好評です。それはマッサージとしての気持ち良さはもちろん、おそらく素手で素足をもむという、肌と肌との温かいふれ合いに、自然に心を開く効果があるのだと思います。

その他、夫が乳業会社の転勤で来ていた看護師さんが手伝ってくれたり、遠方の地域にいながら「人手がいる時にはいつでも声をかけてください」と応援の連絡をくれた方もいます。

運営を支えるスタッフには、酪農を本業とする人もいれば、専業主婦もいます。看護師資格を活かすスタッフに限らず、それぞれの特技がデイサロンの運営に活かされているのです。地域の人々が互いにできる小さなことでも、協力し合うことによって町の基幹産業である酪農業を支え、暮らしやすくなります。デイサロンの活動が、その一端を担えることを私は目指しています。

5　デイサロンの昼食と行事

デイサロンの昼食は、町内の飲食店にお願いしています。それは、デイサロンを高齢者の介護活動の場としてではなく、地域で支え地域経済も循環させて活性化できる活動にしたいと私なりに考えたからです。一人当たりの昼食の予算は七〇〇円。その予算内で人数分のオードブルにしていただき、お昼に配達をしてほしいとお願いしました。当初は、この条件では赤字覚悟という店もありました。

私は飲食店を一軒一軒回りながら、「金銭的にはご負担をかけることとなってしまうかもしれませんが、ぜひデイサロンを地域活動の一つとして、地域として応援してほしい」と伝えていきました。「私たちもこれまで地域にお世話になったからね。これからはこれまでの恩返しも兼ねて、少しでもデイサロンでお年寄りに協力しても良いかなと思い始めたよ」と言っていただく店もありました。今では九軒の飲食店が昼食を提供してくれています。

協力店が増えてきますと、お店もただ予算内で昼食を作って配達するだけではすみません。利用者たちの感想はたちまち地域に広がるからです。「この間のあの店のメニューはおいしかったね」とか、「あの店のオードブルは本当に手が込んでいる」とか、「運んでくる人の感じが良かった」とか、かなり細かい評価をつけています。

その評価を聞いた家族も、「じゃあ今度その店に行ってみよう」とか、「今度お客さんが来たら利用してみよう」といった具合に、利用の幅が広がるのです。店としたら赤字覚悟で始めたデイサロンへの昼食提供が、思わぬ形で利益として還元され、まさに経済が循環し始めたのです。

昼食時には農協の組合長を始め、参事や専務も時折顔を出します。女性部の方も牧場の仕事の合間を見つけて遊びにきてくれます。先日は牧場祭で出す新メニューを考えたので食べてみてほしいと、差し入れをしてくれました。高齢者の方の味に対するコメントは辛口です。長年培ったこの地域での料理の腕と舌が、若い人たちへの良きアドバイスとなっています。

デイサロンでは、スタッフからレクリエーションは提供していません。あくまで利用者自身の発案を、実現させています。例えば、長年空き地になっていた原っぱがありました。その土地を見た男性利用者が「整地したらゲートボールができるのではないだろうか」と話し始めました。私が役場に確認を取ると、自由に使って良い土地とのこと。男性たちは早速スコップや鎌を持参して、デイサロンの利用日に整地し、コートを作り始めました。原っぱは見る見るうちにきれいなゲートボールコートになり、今では毎月二回、必ずゲートボールの試合を楽しんでいます。

秋に行われる芸能発表会に出てみようかという話も出ました。歌うためにはカラオケの伴奏では声の高さが合わなくて、歌いにくいねという意見。私は町内にあるピアノ教室の青田智恵美先生に、生の伴奏をお願いしてみたところ、快く引き受けてくださいました。

霧多布湿原センターでのランチ

デイサロンにお花を飾りたいね、でも生花だと一週間世話ができないから造花の方がいいのかな、というアイデアも出ました。地元の草木を利用したフラワーアレンジメントを手がけている「アトリエ・コスモス」の福澤智子先生に相談したところ、快く教えてくださることになり、皆で手作りリースを作りました。何か月たっても素敵なドライフラワーのリースが飾られています。

教えてもらうばかりではありません。畑作業を教えてほしいと小学校の若い先生から相談があり、デイサロンから出向きました。土作りが基本であると、土を耕すところから児童や先生たちと一緒に汗を流し、野菜を植えました。秋に丸々と育った野菜を収穫し、子供たちは高齢者にカレーライスを作ってくれ、一緒においしく食べました。

町の観光施設でもある湿原センターから、地域の昔話を教えてほしいと言われれば、講義をしに出向きます。そのお礼にシェフが地場産の食材で工夫して作ってくださったランチに舌鼓を打ちながら、湿原の花のスライド鑑賞会を楽しむ日もありました。

デイサロンは、町内の飲食店や観光施設、さまざまな人たちの技術、地域の産業を積極的に利用しながら運営されています。その結果、地域経済を活性化させ、地域循環を促す相乗効果にもなっていることを、このデイサロンは教えてくれています。

6　デイサロン送迎はボランティア

ＪＡはまなかデイサロンの送迎は、現在、マイクロバス一台と乗用車一台で行っています。開設当初は、マイクロバス一台だけでした。点在する酪農家を巡回し、利用者を順番に拾っていくには、遠いところでは一時間以上の乗車時間が必要です。そのため、デイサロンに到着するまでにすっかり疲れてしまう高齢者もいました。

農協に相談し、農協職員の運転する農協車を一台提供してもらうことにしました。マイクロバスのルートと方向違いのルートを回ります。現役を退き農協職員と話をする機会も減ってきた高齢者が、ちょっとした世間話をするひとときにもなりました。面識のなかった若い農協職員が送迎してくれることは高齢者にとってうれしいものです。

マイクロバスの運転手は、浜中運輸という町内の運送会社に勤務するプロのドライバーです。

浜中運輸は、浜中町全体の運送業を担っており、酪農業からも漁業からも繁忙期には依頼が多く、大忙しです。そのような中にもかかわらず、毎週水曜日は必ず、デイサロンを応援してくれています。もちろん無償で、仕事の人員を会社側で調整して、毎週一人、担当ドライバーを決めてくれているのです。

いつもは何トンもの牧草ロールや飼料袋を大型トラックに載せ、町内を何往復も配送しているごっつ

送迎のマイクロバスの運転手はボランティア

いドライバーが、この日は農協の小さなマイクロバスの運転手です。各農家を一軒一軒回って小さなお年寄りを乗せていきます。

「ばあさん元気だったか」、「しばらくだな」と声をかけてくれます。「あれ？　あんたはさとしちゃんかい？」と、すっかり大きくなったドライバーに、幼い頃の記憶をたどって懐かしそうに話を始める利用者。送迎は人であり、配送する物とはまた違った意味での配慮が必要だと感じる場面です。このような何気ない会話も大切になります。利用者にとってもドライバーと話をするだけで、昔の記憶がよみがえっているようです。

私は看護師として、毎回バスに同乗しています。それは利用者を安全にバスに乗せて、サロンまで無事にお届けすることはもちろん、会話をしながらその方の体調を確認することができるからです。牧草収穫の状況や牛の様子を窓越しに見ながら、小さなバス旅行です。

一人また一人、と順番に乗せていくと、最後に乗せる家の方は、バスの中から利用者全員に家の周りを見学されてしまうことになります。「今日はバスが来る前に、朝早く庭へ出て、草取りをしておいたの」とか、「庭にお花を植えて少しでも恥ずかしくないようにしないと」と、みなさんが意識して家の前をきれいにしています。その家族もまた大変です。おばあちゃんに恥をかかせまいと、洗濯物はきっちりと干し、搾乳を終えると急いでバスの通り道をきれいに掃除し、草を刈っている家がほとんどです。庭に咲いている花を摘み、「デイサロンに飾って下さい」と花束を用意してくださっているお嫁さんもいて、家族の方々のこうした気配りには本当に頭が下がります。

帰りも同じように一人ひとりを家の玄関前まで送ります。その時には、家族に頼まれた買い物がたくさん詰まった段ボール箱を、ドライバーも玄関まで運んでくれます。「また一週間、風邪などひかずに元気で過ごしていてくださいね」と声をかけ、さよならします。

ようやく全員無事に送り届けたあとの最後の帰り道は、バスの中でドライバーと反省会です。「みんな酒でも呑んでるみたいに賑やかだったな」、「あのばあさんも久しぶりに楽しそうだったな」と第三者の感想は新鮮に受け止めることが出来ます。「俺が小さいとき世話になったんだ。昔はもっと厳しい人だったんだよ」、「家族も助かっているだろうな」と教えてくれます。「今度あのばあさんにも、配送で行った時にデイサロンに来るように声をかけてみるよ」と利用していない高齢者のことも気にかけてくれます。ドライバーの言葉に助けられ、また来週も頑張ろうと勇気をもらえるものです。

多くの人に助けられ、デイサロンが成り立っていることに、お金にはかえがたい人との絆、地域活動の楽しさを実感してやみません。浜中運輸のこうした貢献活動は農家の方々に広まり、地域への社会貢献としての高評価につながるものと確信しています。

7　漁業者家族の看取り（前編）　総合病院の医師との連携

私にとって昆布漁を営むトヨさんご家族との出会いは、忘れられない思い出です。今年（二〇〇九年）のお盆には、ご家族からお誘いを受け、トヨさんの位牌を囲みながらご家族の収穫した北海シマエビや、たくさんのご馳走を前にトヨさんの思い出話に花が咲きました。

トヨさんは、八〇歳にして人工肛門を造設し、自宅への退院が決まりました。退院時には専門看護師から人工肛門のパウチ交換を自分でできるように指導を受け、手先の器用なトヨさんはきちんと行うことができていました。

本人は家に帰りたいというけれども、離れて暮らす子供たちとしては、やはり人工肛門の管理は本人だけでは大変で、八四歳の夫と二人暮らしをさせるには不安がありました。このような状態ではまず自宅で療養させることなどできないだろう、と思っていたそうです。かかりつけの総合病院は、浜中町から二時間離れた釧路市にあり、すぐに通える距離ではありません。そこで、退院後、トヨさんの在宅療養支援をお願いできないかと相談がありました。早速、札幌から帰省していた娘さんと一緒に退院指導を受けるところから、私の関わりは始まりました。

主治医である総合病院の金古裕之先生は、私が挨拶に行くと、公的な訪問看護ステーションではなく有償とはいえボランティア活動で、地域で在宅介護をする家族支援の「キャンナス釧路」の活動に、大変興味を持って理解してくださいました。すぐに病棟の師長も一緒になって応援してくれ、遠隔地での連携医療としてインターネットを活用した確実な情報交換の体制を整えてもらうことができました。

人工肛門に関しては適宜専門看護師から助言をもらうことができ、金古先生には常時Eメールにて患者の状況を伝え、金古先生が不在の時にも他の医師に申し送りができていました。おかげで私一人が悩むことなく常に今後の病状の予測や展望など、医師とともに把握をしていくことができました。

私は約四日おきにストーマ(1)交換のためトヨさんの家に訪問しました。ストーマの交換は、せめて食後二時間くらいは空けないと、交換時に汚染して二度手間です。普通の人が、朝起きたらまずトイレへ行って排泄を済ませ、それから朝食を取る、という行為と、ストーマの場合も同じ感覚で、交換する日は朝起きたらいち早く交換したいのが普通の心情です。ですから、トヨさんは交換するまで朝食は摂らずに私を待っています。公的な訪問看護の定期訪問の場合、たいていは午前中早くても九時、一〇時からの訪問になり、トヨさんのような思いであればずっと待っているのかもしれません。

また、人工肛門のパウチ交換も、回を重ねていくごとに皮膚の状態変化や、体調による便の性状変化などによって、はがれてしまうことが多くなります。四日に一度という定期的な訪問だけではなく、はがれた時にはすぐに張り直さなくては押さえきれずに汚染が広がってしまう、という状態の日もありました。定期的な訪問以上に、そのような時こそ、家族にとっては看護師の支えが欲しい、それを叶えられるのが「キャンナス」なのだと思います。

私は酪農業を営んでいるので、午前四時から毎日搾乳をし、たいてい七時には終えてストーマ交換に行くようにしました。八時からトヨさんはゆっくり落ち着いて、朝食を摂れるように配慮してきました。早朝や夜間に、ストーマが外れてしまった時には、申し訳なさそうに連絡が入ります。その都度、訪問して対応するように心がけましたが、搾乳中に限っては「今ちょうど搾乳をしているので、今終えたらすぐ行きますね」と、ひとまずは外れた部分を保護しておいてもらい、かけつけます。

私が国際緊急援助隊医療チームの登録看護師であることもトヨさんはきちんと把握しており、新潟中越地震が起きた日の朝、いつも通り訪問した私に「新潟に支援に行かなくていいのかい？」と聞かれ、さすがに驚きました。

何度か体調を崩して入退院を繰り返したものの、年末は自宅で過ごせるようにと、一昨年（二〇〇七年）一二月二五日、退院をして自宅に戻りました。年末に、一一人の子供たちが帰省し、久しぶりに会う親戚たちに囲まれて過ごすトヨさんは、「本当に本当に幸せだ」と言いながら、今までになく満面の笑みを浮かべ、集まった親戚たちに私のことを「一二番目の娘」と紹介してくれました。

年末年始、私も常に自宅で待機をし、早朝、夜間に関わらず依頼があった時にはできる限り訪問し、トヨさんの状態を常時医師へ報告しました。家族にはできる限り不安なく、トヨさんを囲んで親戚の皆さんとともに少しでも楽しく過ごせるように、トヨさんの安楽な姿勢を一緒に整えて、状況の説明を心がけました。

いずれ訪れる最期をどこでどのように迎えるか、トヨさんにとっても家族にとっても、それは重要なことでした。トヨさんがどのような最期を迎えたかは、次回で書きたいと思います。

（1） ストーマ（stoma）とは、排泄処理のために日夜装着しておかなければならない装具のこと。

8　漁業者家族の看取り（後編）　ホームナースの役割

徐々に全身状態が悪化してきても、なるべく自宅で過ごしたいトヨさんは、いつも「大丈夫、大丈夫。何ともない」と気丈に振舞っていました。そんなトヨさんの気持ちも受け止めながら、いずれ訪れる最期についての思いを、家族に確認しました。

家族は、このまま状態が落ち着いていれば自宅で静かに過ごさせてあげたいと思うものの、状態が悪くなった時、どんな状態になったら連絡をして、病院へ行ったら良いのかという不安を抱えていました。私は、金古先生に自分の考えとして、「病院でよくいう、排尿がなくなったら、とか、血圧が五〇以下になったら、という基準で慌てて病院へお連れすることがトヨさんや家族にとって良いことなのでしょうか、あるいは万が一心停止してしまったとしても、ご家族の見守る中で落ち着いてから、私がご家族と一緒に病院へお連れする形もあるのではないかと思います」と相談してみたのです。

先生は、「私の考える理想も自宅で最期を迎えることだと思います。竹内さんのお考え通り、万一最期の時が来たとしても、落ち着いてから病院に来ていただくので良いと思います」と言いつつも、北海道の人は最期は病院で迎えるのが当然と考える人が多く、在宅死に抵抗感が強い、という調査結果の新聞記事を例に挙げ、「どのように看取るか、まずはご本人と家族の受け入れ次第ですね」というお返事をいただきました。

家族で話し合った結果、在宅での看取りは家族としては自信がないこと、急変時の搬送は救急車ではなく、自家用車で連れて行ってあげたいこと、遠方のため天候上等困難な場合も考えられるので、かろうじて体力のある、体調の落ち着いているうちに、入院療養へ変更したいことが最善、と結論づけられました。

にぎやかな親戚たちも元の生活に戻り始めたお正月休み明けの昨年（二〇〇八年）一月一二日朝、かたくなに自宅で過ごすことを望んでいたトヨさんが、家族を見送った後、自ら病院へ行くと言いました。本人と家族の納得の上で病院へ行くことを決め、私が金古先生に連絡を取り、救急外来を受診、病院側のすばやい手配のおかげで即日入院となりました。

入院後のトヨさんは状態も落ち着き、穏やかな日々を過ごされていることを金古先生がEメールで報告してくれました。

「順調に行かずに残念でしたが、それでもトヨさんはとてもがんばった方だと思いますよ。体調悪化に対する不安を乗り越えるのは並大抵のものではないと思います。それを克服するのに必要なのは自分の病気に対する理解と強い意志、それに周りの方々の協力だと思います。トヨさんの場合、未告知なので病気に対する理解はともかくとして、自分の体調変化に対する洞察力に長けており、強い意志も持ち合わせていますし、周りのご家族の理解にも恵まれていたほうだと思います」

そんな連絡から数日たった一月二九日の夜、夕食を娘さんの介助でいつも通り摂って就寝したトヨさんは、夜中に容態が急変、ご家族に見守られながら三〇日の朝、永眠されました。

金古先生からのお手紙です。

「急変する前の最後の晩に、ご家族と話し合う機会があったのですが、決して恵まれているとは言えない医療環境や介護事情にも関わらず、ここまで穏やかに過ごすことができたのは竹内さんのおかげですとおっしゃっていました。トヨさんにはたくさんのことを学ばせていただきました。トヨさんのことは一生忘れられない患者さんになると思います。竹内さんには長い間、たくさんのお力添えをいただきとても感謝しております。本当にありがとうございました」

医師からこのようなお手紙をいただき、トヨさんご家族との約一年半の「キャンナス」としての関わりは、本当に看護師冥利に尽きると何度も目頭が熱くなりました。

穏やかな表情で自宅へ戻ったトヨさん。ぜひ竹内さんも一緒にやっていただけませんかと、家族とともにお通夜の前の湯灌をさせていただきました。ぎりぎりまで過ごすことのできた大好きな自宅の畳の上で、たくさんの子供たち、家族に囲まれながら身体を清めて白装束を身につけたトヨさんの姿は、立派に人生を締めくくる人としての姿を私たちに示してくれ、家族の絆の大切さや、今後の私に地域看護の課題を投げかけてくれたように思います。

地域看護とはまさにこのように患者や家族、そして医師、看護師とが、強い絆と信頼関係を持って連携することで初めて成り立つことを、トヨさんに教えられました。医療過疎、医師不足の叫ばれる昨今において、たとえ近郊に医師がいなくても、金古先生はトヨさんにとっての「ホームドクター」であり、私が多少なりとも「ホームナース」となって、その手助けができたのかも知れません。医師も看護師も、心から地域の人に頼りにされ、必要とされる存在でありたいものです。

9　国際医療支援活動の登録看護師になる

私が国際看護に興味を持ったのは、看護学校時代のアメリカ留学の時でした。カリフォルニア州立大学ロサンゼルス校（ＵＣＬＡ）のメディカルセンターでＥＲ（緊急救命室）を見学し、先進医療の取り組みを初めて見ました。一五年以上前のことです。ドクターヘリが稼動し、ナースキャップなしの看護師は、お洒落なパンツスーツの白衣やスーツの上に医務衣をはおって颯爽と活動していました。医師の指示に従う看護ではなく、医師や専門家と対等に意見を出し合う看護師の姿にとても憧れました。

いつかは海外の医療現場でも働きたい、そんな夢を持ち、酪農業を営む生活の中でまずは勉強と思い、北海道教育大学釧路校の国際理解教育課程へ社会人入学したのです。

日本赤十字社、「国境なき医師団」など医療支援団体の活動実態や国連組織を学ぶ中で自分にはどんな活動ができるのかを考えていました。大学四年間じっくりと勉強できたことが、海外の災害現場で看護活動に関わる私の基礎となっています。

私は今、二つの緊急医療チームに登録しています。国際緊急援助隊医療チームとＡＭＤＡ（以下アムダ）緊急救援チームです。きっかけは、釧路公立大学学長の小磯修二先生でした。北海道教育大学在学中に、小磯先生が座長を務める「中央アジア国際協力フォーラム」に参加をしたことです。東京を離れ、

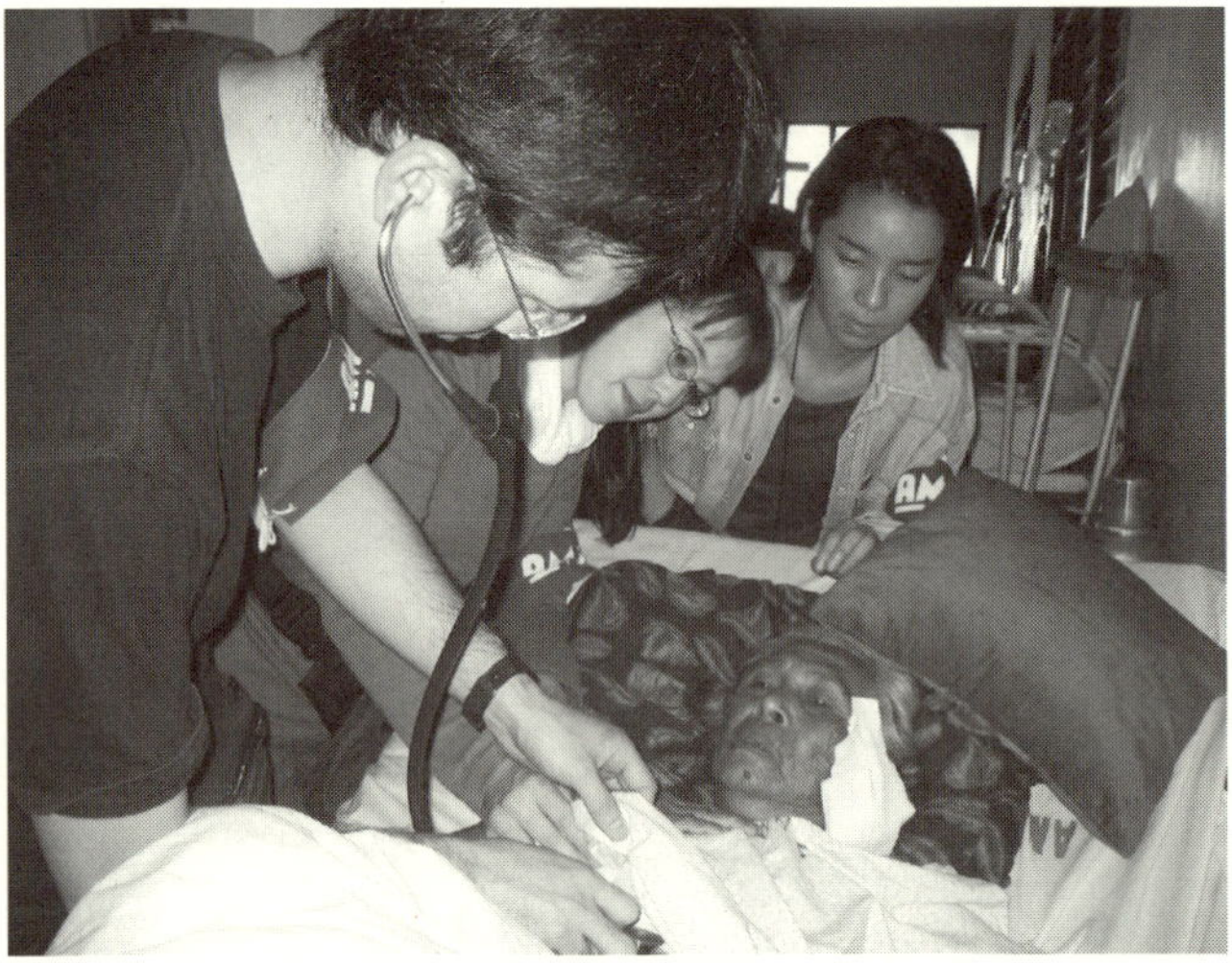

フィリピン・レイテ島の地滑り災害支援活動で被災者を診察する
アムダチーム（2006 年 2 月）　写真提供：アムダ

救命救急センターという職場も離れ、道東の原野に来て酪農をしている今、国際活動をするには程遠い環境にあるとぼやく私に、小磯先生はこう言ってくださいました。「この地域にいるからこそ、竹内さんにしかできない活動があるでしょう。私自身もそうなのですよ。」

私の原点は生業としている酪農業にあり、この酪農地域にいるからこそできる活動があると思うに至ったのです。それが「キャンナス釧路」であり、国際緊急援助隊医療チームとアムダ緊急救援チームでの活動だったのです。

国際活動は、緊急救援を主とし、災害発生後二週間の派遣となります。私は酪農家として、三六五日牛とともに生活をし、生計を立てていますので、夫の協力を含め二週間が限界です。二週間であれば十分活動が可能であること、病院勤めではなく、酪農

避難所での健康診断（2006 年２月）　写真提供：アムダ

業をしているからこそ、即座に出動できる環境であること、これまでの自分が培ってきた救命救急センターでの看護経験が生かせる現場であること、見方を変えれば私にできること、私にしかできないことがたくさんあることに気づきました。

アムダは、「アジア医師連絡協議会」という名前の英語の頭文字をとったもので、民間組織です。自己意思による登録制で、出動時は医師一人と看護師一人だけという可能性も多く、海外での活動の成功は、すべて支援に行く者に任されます。アムダからは「いつ災害支援要請が来てもいいように、常に勉強をし、待機していてください。今、平時にできることはいくらでもありますね。熱帯医療や感染症に対する看護の勉強をしておくこと、語学を常に身につけておくこと、体力をつけて健康を維持しておくこと、緊急の出動時に協力してもらえるように常日頃から家族にも尽くしておくこと、出動時の持ち物、身支度の準備など、できることはたくさんあります。今できることをきちんとしておいてください」と助言を受けました。

簡単で当たり前のように見えて実は最も難しい、自分自身との戦いでした。アムダに登録したのは、二〇〇四年のことです。

もう一つ登録しているのは、国際緊急援助隊医療チームです。国際緊急援助隊とは法律により実施される日本政府の事業であり、その派遣手続きを独立行政法人国際協力機構（ＪＩＣＡ以下ジャイカ）が実施することになっています。アムダと同様、災害後二週間という期間の緊急派遣を行う国際緊急援助隊の存在を知り、こちらにも挑戦してみようと思ったのです。

国際緊急援助隊とは、医療チーム、救助チーム、専門家チーム、自衛隊部隊に分類され、法律により実施される日本政府の事業です。派遣手続きなどの事務はジャイカが実施することになっています。私が登録している医療チームは登録制で、被災国政府から日本政府を通して派遣が決定されると、一斉に連絡が入り、調整のついた者が参加の意思を表明します。事務局で人選を行い、選抜されれば派遣が決定するのです。

私は五年前、国際緊急援助隊医療チームの書類審査を通過し、導入研修を受けることとなりました。二泊三日の研修では、実際の海外での被災現場を想定した、本格的な訓練が行われます。少量の非常食と寝袋をまとって野営を組み、治安の悪い中での移動方法を皆で検討し、現場を想定した広場に診療テントを自分たちで組み立てます。先輩隊員たちは模擬患者を演じます。例えば「痛い痛い」と待合テントで叫ぶ患者、泣きやまぬ子供を抱えている母親、自分の方を優先しろと言ってくる村の部族長さんなど、その白熱した演技は、とても笑える状況ではなく、本番さながらの模擬診療です。

終了後の反省会では先輩たちから厳しく自分たちの看護判断や対応、介助方法のまずさを、多々指摘されます。実際に現場に携行する日本からの資材、機材、薬品の入った三〇個のジュラルミンケースの中身を一つひとつ確認し、いかに無駄なく応用させて処置をするかを自分たちで考えます。

また、被災して心を痛める現地の方に対し、身体的な医療処置だけではなく、言葉が通じなくとも少しでも助けとなり、心を通わすことができなくては看護の意味がありません。その上、隊員同士の人間関係も重要となりますので、研修を受けている私たちの、他の研修生たちとのやりとりも講師陣にはしっかりとチェックされています。さまざまな訓練を定期的に繰り返し、緊急援助活動に必要な知識、技術、そして隊員とのチームワークの構築方法を身につけてきました。海外災害支援に参加した活動体験については、次回に紹介します。

10 海外災害支援活動に参加して

私の最初の出動は、二〇〇四年一二月に起きたインドネシア・スマトラ沖大地震・津波被害に対する緊急医療支援活動でした。一二月二六日に起き、被害のあったタイ、スリランカ、モルディブといった地域へ医療チームが次々と派遣されていきました。私は大学の集中講義中でしたが、いつ派遣が決まっても良いように荷物をまとめ待機をしていました。

最終的に私は最も被害が大きかったスマトラ島のバンダアチェへ、医療チーム員として選抜されました。「看護師として必要とされているのだから頑張れ！」と、年末年始の酪農作業を快く引き受けてくれた夫の応援もあり、一二月三一日の大みそかに成田空港へ行き、一月一日にインドネシアへ発ちました。

この津波は二〇万人近い方が被害を受けた、これまでにない大災害でした。広場には遺体が積み上げられ、かろうじて難を逃れた多くの被災者の想像を絶するような訴えとけがに、驚きの連続でした。北海道とは気温差五〇℃以上もある暑さの中で、活動を続けました。

この時の医療チームは、私たち一次隊に続いて二次隊、三次隊まで出動し、最終的には自衛隊部隊に引き継がれ、自衛隊は治安の関係上、フル装備された大きな自衛隊の船でスマトラ沖に停泊しながら医療支援活動をするという、日本政府として精一杯の支援をした災害でもありました。

それからしばらくして、アムダから突然出動要請の電話が入りました。二〇〇六年二月、フィリピン・レイテ島で大規模地滑り被害が起きたのです。災害が起きたことはテレビのニュースで見ていましたが、この時フィリピン政府は、国際的に他国への支援要請を行いませんでした。多国籍医師団として活動するアムダは、政府からではなくアムダフィリピン支部からの要請を受け、日本から医師一人、看護師である私一人と、アムダの職員二人、アムダインドネシア支部から二人のインドネシア人医師も加わって、計六人で活動することになりました。

フィリピンでは、フィリピンの医療免許を持たないと国内で医療活動は行えないという事情があります。しかし、今回の災害に対

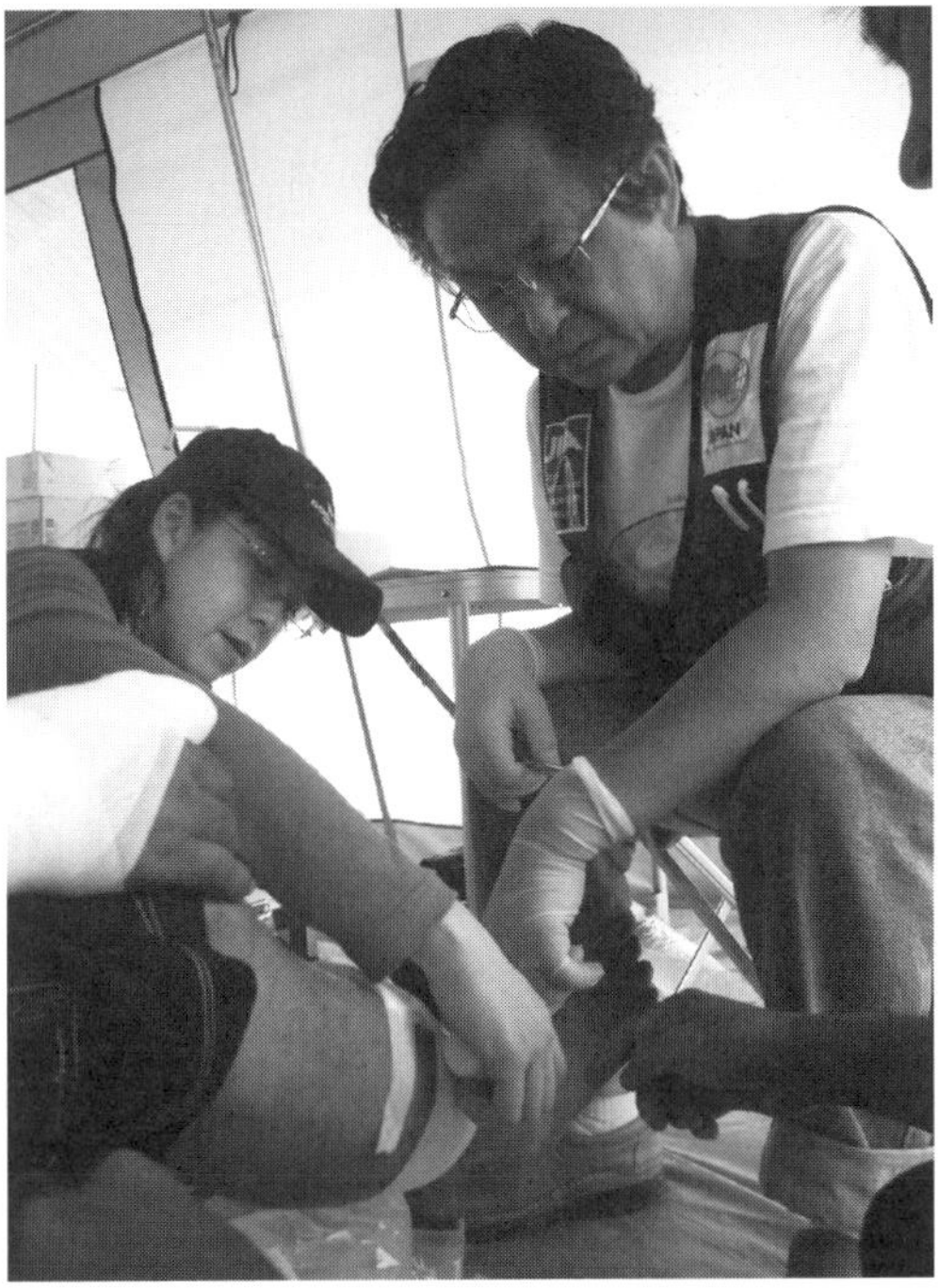

インドネシア・スマトラ沖大地震・津波災害での支援活動　札幌医科大学の浅井康文先生の診療介助をする竹内（2005 年 1 月）　写真提供：ジャイカ

し、日本からの緊急支援に感謝したアムダフィリピン支部長の医師の許可がおり、日本の医師も看護師も活動できました。

アムダは民間組織のため、一つひとつの問題や課題に対しすべて自分たちが責任を持って手配し、考えて、判断や行動をしていかなければなりません。しかし、政府組織では体験できない、自分たち自身で試練を克服する貴重な機会となります。

被災国で活動するその国の医療チーム員や、避難所で暮らす被災した方々たちと手を取り合い、肩を抱き合いながら困っていることを理解し、考え、話し合う現場では、互いに相手を気遣って母国語ではないたどたどしい英語を使いながら何とかコミュニケーションを取り合い、接するところになんとも言えない人間味があり、どの国に暮らしていても人間は皆同じなのだ、私も一地球市民なのだと、まさにこの目で、この肌で実感できる現場だと思います。

私はアムダという民間組織と、国際緊急援助隊という政府組織の両方の組織に属して活動してきたからこそ、それぞれに必要とされている役割が見えたように思います。

昨年（二〇〇八年）のミャンマー連邦におけるサイクロン被害に対する支援活動も含め、これまで私は三度の海外での災害支援活動に取り組んできました。災害看護と一般的な看護の違いは、活動する医療従事者たちも、被災者と同じ過酷な災害現場で生活しなくてはならない、という点にあると思います。

被災地では、次の三つが私は大切だと感じています。

一つ目は環境への対応です。現場は生活環境の厳しいところなので、隊員自身の健康が維持できなくては十分な支援活動はできません。身体面はもちろん、精神的にも各自がコントロールできなくてはなりません。

二つ目は感染症対策です。国際緊急援助隊では、登録者は前もって予防接種を受けていくことが求められます。派遣地域には風土病や季節的に流行する感染症、災害の影響で流行する感染症など、あらゆる感染症が存在するため、それらを考慮し隊員各自が事前に予防接種を受けておくことは、危険を回避するために重要です。

そして三つ目はチームワークの構築です。初対面の人間同士でチームを組み、二週間の共同生活、共同活動を行います。皆で協力し合えなければ円滑な活動はできません。日々の日常生活で常に意識し、どのような現場であっても一番大切にしたいことだと思っています。

国際支援を目指すには、まず自分自身が日本において、自分の暮らす地域にしっかりと足をつけることが大切なように思います。「日本で役立つ活動こそが、海外でも役に立つ活動である」と言ったあるエンジニアの言葉を胸に、私は酪農業をして暮らす看護師として、酪農地域で必要とされる看護をしっかりと見つめ、海外でもその技術を惜しみなく提供できる看護師でありたいと思っています。

11　酪農地域の巡回診療とドクターヘリ

酪農地域である浜中町の医療について、今私が考えていることが二つあります。一つは、総合診療科の医師との連携です。

医師も看護師も専門分野が細分化されています。その分野に精通した専門医師や専門看護師は卓越した知識、技術の持ち主で医療界では期待のホープです。私が以前フィリピン・レイテ島の災害時に一緒に活動した藪谷亨医師は、「先生、ご専門は？」と尋ねる私に対し、「僕はひとつの専門分野を究めるより、多少浅くても広い分野を診ることができる総合診療をめざしています」と答えました。被災地では、どのような疾患にも幅広く対応して応急処置をし、専門的な治療のできる後方病院へ引継ぎができる医師が求められます。看護師も同様です。

先日、総合診療科を目指す医師が釧路の総合病院へやってきました。消化器専門の名医のもとでの勉強のためです。院長先生ともお話をされた結果、しばらくこちらで働くことになったと聞き、私はぜひこの機会に総合診療科の医師が「デイサロン」と連携できないか、院長先生あてに手紙に記してみました。院長先生はすぐに電話を下さり「ぜひ一度、相談してみましょう」と前向きに受け止めてくださいました。

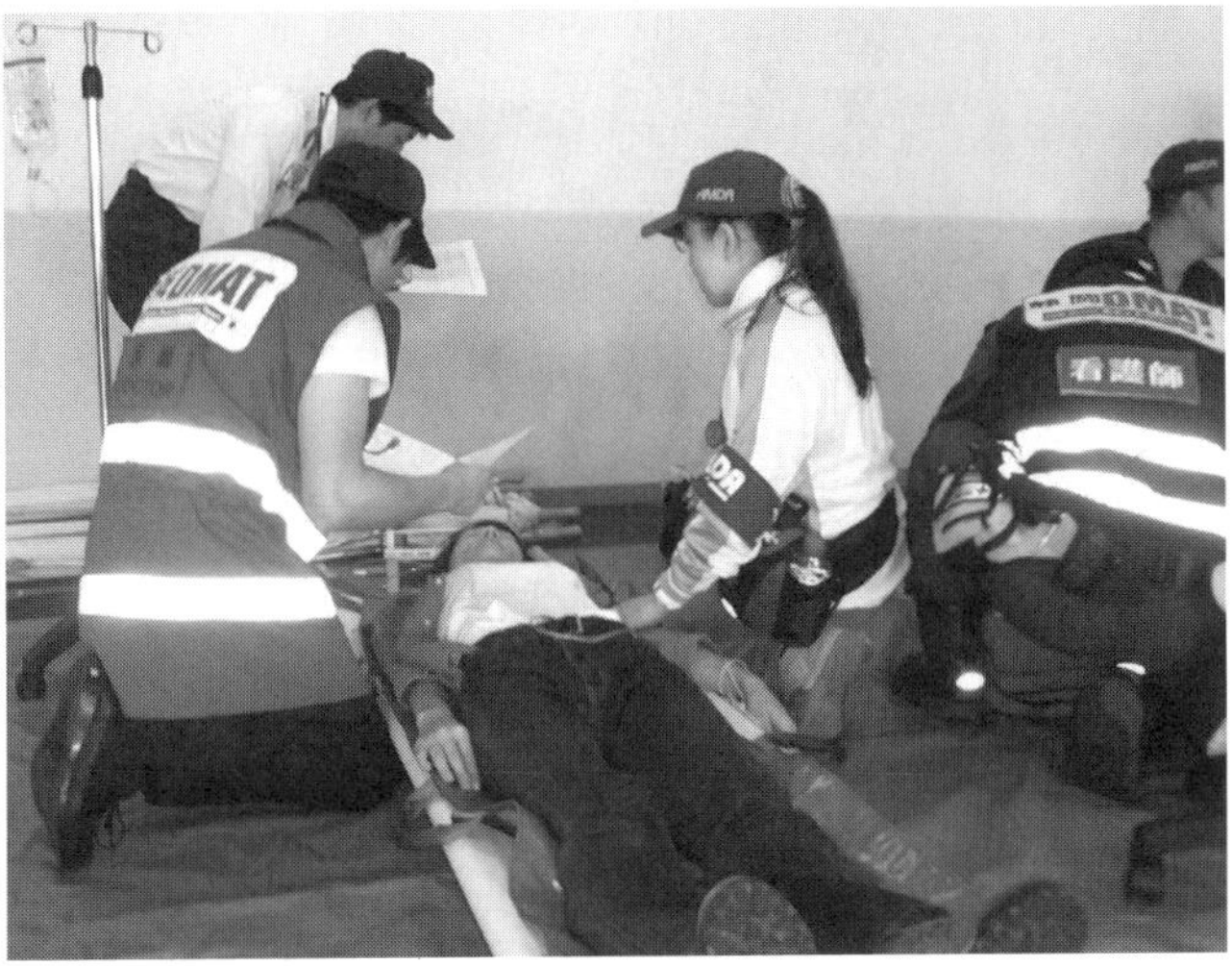

災害派遣医療チームの広域医療搬送訓練（2007年9月）
写真提供：アムダ

私の案とは以下のようなことです。月に一度、釧路市内の総合病院の総合診療科から医師を派遣していただき、「キャンナス釧路」が行っているデイサロン内で高齢者の診察をしてもらうのです。その病院にかかりつけの人がいれば、総合診療科の医師を通じて担当医と連携ができます。私も地域の看護師として、この巡回診療を通じて患者と医師との間をつなぐ情報を共有できます。連携できれば、高齢者は遠路はるばる通院しなくて済みます。いざという時にはその先生を頼れるという安心感が生まれ、在宅での療養生活が可能になります。

賛同してくれる医師が月に一度、この取り組みに力を貸してくれれば、地域で暮らす高齢者にとってメリットが増えます。病院とは別に情報交換できる場所が身近にできます。孤独にならず安心できます。また、一日がかりの病院への付き添いは繁忙期の酪農家にとって大きな負担でしたが、かなり軽減されるでしょう。

二つ目は、ドクターヘリです。高度医療施設のない僻地においては、回復後の患者の生活や家族構成を含めた全体像をとらえて対応していく必要があります。予後(2)を左右する初期治療として注目されるのが、二〇〇九年一〇月から運航がスタートした釧路ドクターヘリです。浜中町のように総合病院まで二時間もかかる僻地や、高度医療施設に遠い地域で暮らす住民にとっては、重要な役割を果たすと思います。農作業事故などの時、一刻も早く高度な医療施設に搬送し治療を開始できれば、重症化を防ぎ助かる命も多々あるはずです。

二年前私は、内閣府主催の総合防災訓練・広域医療搬送訓練に、アムダ医療チーム員として参加しました。私のように医療機関から遠方にいる看護師は、重症患者を救護しながらドクターヘリを待つ立場になります。その時に求められる看護は、ドクターヘリが到着するまで、少しでも救命率が上がるような応急処置です。身体面だけではなく家族の不安を受け止め、患者を励ましながら精神的な支えとなることも求められます。

災害現場では、被災地管轄の災害医療チームが主導して救護にあたります。しかし現場では、災害支援専門の医療従事者だけでは円滑な活動はできません。地域の住民が互いに協力し合い、補佐的に迅速な活動が行える地域の医療従事者も必要です。

訓練では、私は被災現場にいる看護師という想定で、被災者を搬送拠点にてトリアージ(3)し、ドクターヘリの医師と看護師に患者の状況を的確に申し送りをして搭乗させます。身近に止まったヘリコプターの音はとても大きな騒音で、人の声による申し送りはほとんど聞き取れません。状況をフローチャートにわかるように記入し、指を差して互いに確認します。その一連の流れをさまざまな疾患のケースを想定し、繰り返し練習して問題点を検討していくのが、この訓練の目的でした。

自分の暮らす地域で、このような事故や災害が起きた場合、私に何ができるかです。重症患者をできる限り処置してドクターヘリを待ち、一刻も早く処置の可能な病院へ搬送して命を救うには、日ごろから総合病院の医師と連携を取っていることが重要です。いざという時にも、お互いが信頼関係の中で医療処置が円滑に進めるように努力することが、一番の訓練なのではないかと思っています。

そのためにも、一つ目の総合診療科の医師との連携が必要となってきます。行政まかせにするだけでは何も始まりません。僻地に暮らす私たち医療者が、できる手段を考え自分たちでしておけることはいっぱいあります。今自分のできることから、将来を展望して取り組んでいきたいと思っています。

（2）予後とは、病気の治療した後の経過のこと。
（3）トリアージとは、災害医療で、最善の救命効果を得るために、重症度と緊急性によって、傷病者を分別すること。語源はフランス語のtriage（選別）。日本では、阪神・淡路大震災の教訓から、総務省消防庁がトリアージ・タッグ（黒・赤・黄・緑の四つに区分）の書式を統一しています。

12 看護の心を未来の天使たちへ

最近、私のライフスタイルと看護活動について講演する機会が何度かあります。看護学生を相手に講演するときには、私は次のような気持ちで話しています。

大きな夢と希望を持って看護師としての第一歩を踏み出す学生たちは、救急看護、手術室勤務、周産期看護、地域看護、国際看護、精神科病棟やホスピス病棟での看護など、活躍する分野はそれぞれです。私の国際支援活動や「キャンナス釧路」の地域活動を知ってもらい、少しでも若い学生たちの力となればと願っています。ナイチンゲールの心を、私も微力ながら後世につないでいきたいのです。私からのささやかなエールを届けたい気持ちです。

以前、ある大学で講義をした時に、「酪農をしながら看護師をしていて、看護技術は落ちませんか?」と質問を受けました。日々の医療の進歩により、治療技術や医療機器の変化は当然あります。看護の基本は、古今東西変わることはありません。看護の基礎をしっかりと身につけ、看護の心を忘れずに行動すれば、いかなる現場であっても対応できるものと私は考えます。

しかし、かくいう私も病院という組織に所属していない分、自己研鑽は人一倍重要です。移住前の勤務経験を生かしながらも、自分一人で看護技術を維持、向上させていくには、常に研修や訓練に参加し、

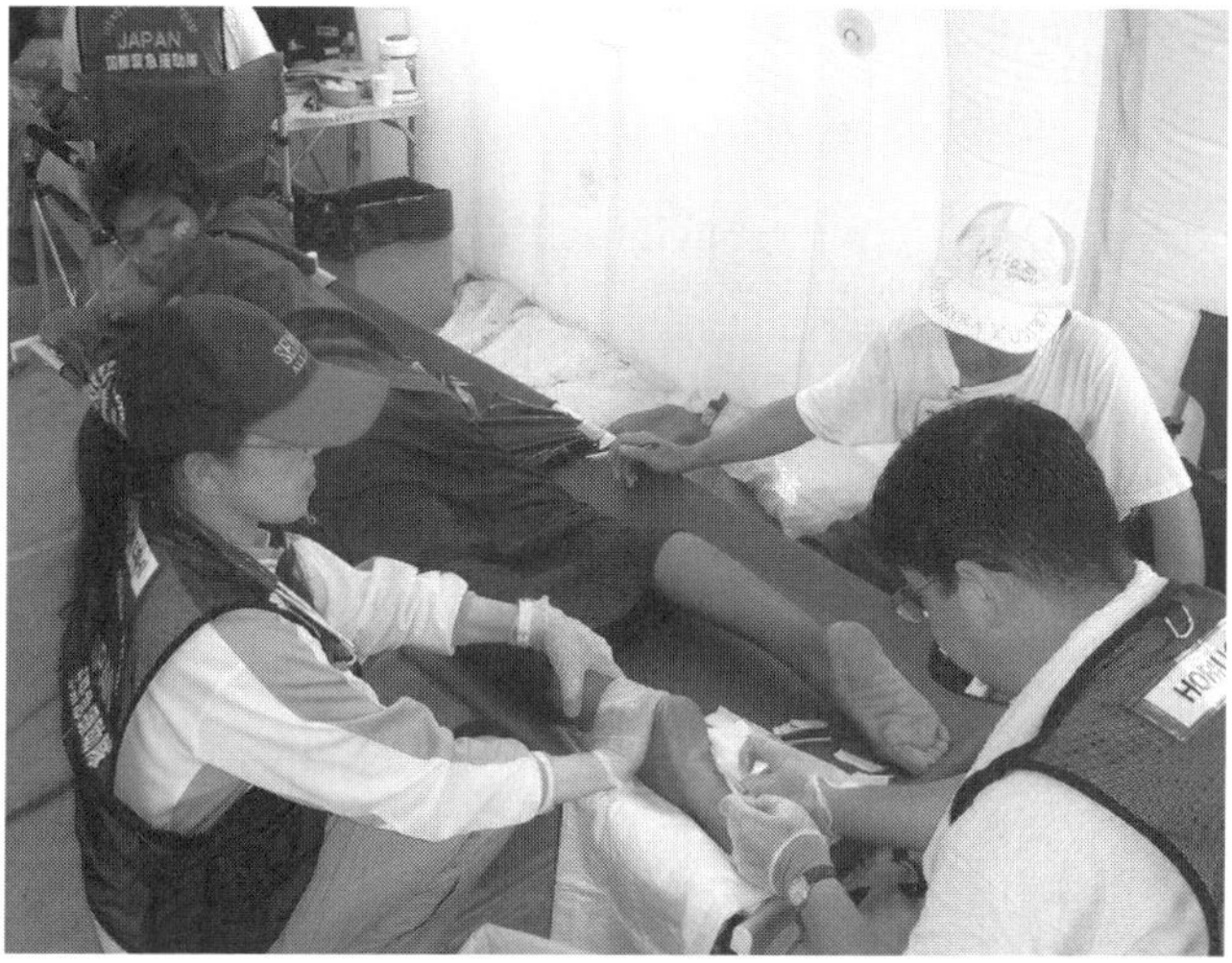

ミャンマーのサイクロン被害支援活動（2008年5月）
写真提供：ジャイカ

専門書を読んでは知識を深め、納得のいく看護を心がけています。

二年ほど前、在宅のがんの末期患者を前に、いかなる看護が望ましいか、図書館で専門の医学書を探しました。しかし一般の図書館では医学に関する専門文献は少なく、また高い医学書を何冊も購入することなど叶わず、病院や医大の付属図書館で閲覧できないか考えました。

釧路管内には医大がないので、唯一病院で図書館を持つ釧路市立病院に閲覧希望の問い合わせをしてみました。しかし、入館、閲覧は病院の職員に限られており、私のような一般利用は認められませんでした。そこで、交渉して下さったのが、在宅療養を連携した金古裕之医師でした。医療従事者として知識や技術を共有し在宅療養の患者に質の良い看護を提供したい、という私の思いを上司に掛け合ってくれました。その結果、金古医師の名のもとで医学書の閲覧や参考文献の複写も可能となったのです。おかげで受け持ち患者の治療方針の詳細や今後の見通し、最新の治療技術と看護ケアの視点等、多くの知識をあらためて習得することができました。

今回は、このような形で図書館を利用することができました。しかし、病院に所属しない医療関係者に対しても、日々の看護技術の向上や最新の研究情報を得ることは必須です。医療関係者が希望すれば、柔軟に利用できる医学図書館の開放が、今後必要になってくると思います。

どんな状況にあっても、そこに人が暮らしているかぎり、看護の仕事は必ず必要です。自己研鑽が厳しいと思われる環境でも、自らが学びたいと思えば、必ず道は拓かれると思っています。

私は今、酪農業を営みながら、合間を縫って地域看護と国際看護の活動をしています。一見、看護師の仕事とはかけ離れて見える酪農業ですが、共通部分は多々あります。患者を看るように牛を観察することで、牛の健康は維持できると思っています。

国際支援活動をしているときも、やはり牛のことが気になります。被災地では、一度は家族に連絡を入れるように衛星電話を渡されます。私の家族への第一声は、決まって「牛はどう?」です。同じチームの隊員たちに笑われますが、牛たちのおかげで私の生活は成り立っているのです。

私は、地域に暮らす人々と同じ生業を営んでいますから、同じ目線で地域で必要な看護を見極め、提供できると考えています。また酪農業という大自然と共存した人間の暮らしの中で私の視野も広がってきました。

地域看護と国際看護を相乗効果としていくことが、私にとって今後の大切な課題です。より極めた専門の看護技術を習得し、自分の目指す看護の理論的裏付けを得るため、私は二〇一〇年四月から日本赤十字北海道看護大学大学院で国際看護学、災害看護学を学んでいます。

二〇一〇年一月には第一回世界災害看護学会が、「災害がつなぐ地球人の絆」をテーマに日本で初めて開催され、私も参加しました。これまでの災害看護に対する多くの研究発表や討論会を通して、今後の看護活動に役立てていけたらと考えています。

「Think Globally, Act Locally——地球的規模のレベルで考えて、地域レベルで行動しよう」。自分は一地球市民として世界で何ができるのか、そして今を暮らす地域では何ができるのか、私は酪農業を営みながら暮らす看護師として、地域でじっくりと腰をすえながら、自分の身の丈にあった活動をこれからも展開し、後世のさらなる看護界の発展に貢献していきたいと思っています。

13　キャンナス災害支援医療チームの結成

二〇一一年三月一一日午後二時四六分、三陸沖を震源とする巨大地震が発生し、東北から関東にかけての太平洋沿岸は大津波に襲われ、多大な被害が出ました。福島の原子力発電所の事故も重なり、これまでの日本、世界でも経験したことのない大災害となってしまいました。

二〇〇四年に起きたインドネシア・スマトラ沖地震・津波被害に対して国際緊急援助隊医療チーム員として出動、活動経験のあった私も、さすがに日本でのこの災害の被災地の現状は、海外の被災地以上の被害の大きさであることに驚き、衝撃を受けました。

国際緊急援助隊は国外での活動のためのチームであり、国内の災害に対しては出動しません。しかしたいていの国際緊急援助隊登録者は、国内の医療施設においても災害支援派遣チーム員でもあることがほとんどで、この震災直後からすぐに各メンバーがそれぞれの所属施設から被災地へ派遣、活動しているという情報が入りました。

キャンナスでは、仙台と八戸に支部があり、即座に被災地の情報が入りました。かなりの被害を受け、キャンナススタッフ自身も被災し、利用者の皆様のところへも行ける状況ではなくなっていました。

キャンナス本部ではこの事態に対応すべく、初の災害支援医療チームを結成して被災地支援へ、という動きが始まりました。

キャンナス本部の菅原代表から連絡を受け、さっそく私はこれまで海外での災害支援活動経験を活かして、医師一人、介護福祉士一人、理学療法士一人、ドライバー一人、そして私の五人の医療チームを結成、一次隊として現地入りすることとなり、被災後六日目の三月一七日、神奈川県藤沢市にあるキャンナス本部へ荷造りをして急きょ向かいました。

この日の深夜、陸路にて宮城県気仙沼市へ入る予定でキャンナス号に物資を積み込み、待機していたその時、現地から「待った」がかかりました。理由は多々ありました。現地までの交通、道路事情が非常に悪いこと、燃料の問題、被災地側の受け入れ態勢が混乱していること、福島の原子力発電所事故による放射能漏れの情報があることなど、現地側より「もう二～三日待ってから被災地入りしてほしい」との要望でした。残念ながら一次隊のチーム員は私を含め、急きょ数日間の休みをもらってきたメンバーであり、待機のために二～三日を費やすことはできず、初回の現地入りはメンバー交代となりました。

結局、三日後に都合のついたメンバーらで構成した初のキャンナス災害支援医療チームが気仙沼市へ入り、以後現在までキャンナスとして支援活動が始まることとなりました。

私は、こちらでの仕事をひと段落つけた四月中旬、石巻市へキャンナス災害医療支援チームとして、移動を含め約一週間の支援に入ることにしました。避難所となった石巻中央公民館での活動です。

震災直後は、救急医療チームが全国からかけつけて、急性期(4)の医療支援活動を展開していました。私の入った四月一五日は、すでに震災発生より三五日経過し、多くの救急医療チームは撤退し、残された被災者の方々は長引く避難所生活からくる身体的、精神的な疲労と健康状態の悪化に対して、支援が求められている時期でした。

石巻中央公民館には一五三名の被災者の方がいて、私たち全国から集まったキャンナススタッフは、公民館内の普段は警備員さんの部屋をキャンナス事務所としてお借りし、二四時間、被災者の方とともに寝袋で寝て、毎日食事はおにぎりという避難所生活でした。活動内容は、避難所で暮らす被災者の方の健康管理業務として、環境整備である清掃から始まり、不足している物資の補充、感染予防のためのうがいや消毒薬の設置をし、常に被災者の方に寄り添い話を聞いて回りました。体調不良などに対しては早期に対応すべく、仮設診療所へ同行したり、避難所を巡回してくる医師や心のケアチーム専門家へ報告して受診の介助をしたりし、入浴介助の必要なお年寄りに対しては外に設置されている自衛隊の入浴施設にお連れして、自衛隊の方の協力も得ながら介助をしてさっぱりしてもらいました。傾いた自宅へ戻られているお年寄りに対しては随時巡回訪問を行う等、活動は多岐に渡って必要とされていました。

支援活動を終えて感じたことは、急性期を過ぎた時点でも、多くの被災者の方が長引く避難所生活で負担や疲労は一層増しており、必要とする医療ニーズは形を変えて増えていく一方でした。そんな中、キャンナスでは初の災害支援という活動チームを発足させたのですが、「できることをできる範囲で行うナース」を主旨とするキャンナスだからこそ、誰かの指示や命令ではなく、全国各地から有志達が、各自がそれぞれで都合のつく期間に、被災地に入って自分のできる活動を積極的に行ってきています。それがまったく途切れることなく現在まで続いているのですから驚きです。

ただ、いつまでもこうした避難所生活が続き、キャンナスがずっと必要とされる状況は、良いことではありません。一日も早く、被災者の方が将来の展望を持てるような、前に進める支援策を国が提示してくれること、私たち医療者もそうした先を見据えた支援をしていくことが、今後は求められていくと思うのです。

（4）急性期とは、病気を発症し、急激に健康が失われて不健康になった状態のことで、症状が比較的激しい時期を指します。

14　石巻川開き祭りとキャンナスの役割

石巻川開き祭りは、大正時代から続く伝統ある報恩感謝祭です。川の恵みに感謝するとともに、ご先祖様の供養のために始まったとされるお祭り。今年（二〇一一年）は東日本大震災の供養と、復興を主眼においての開催となりました。

七月三一日夜には灯篭流し、八月一日には陸上行事と花火大会が行われました。陸上行事では毎年、漁師さんたちの大漁旗をハッピにし、子どもたちがそのハッピを着てよさこいソーランを踊ります。今年は津波でハッピもすべて流されてしまったと、ある被災者の方から打ち明けられたキャンナススタッフがいました。

その話を聞いたキャンナス札幌の真鍋智美代表が、地元北海道へ戻り、何とか大漁旗を集められないだろうかと知人に話しました。五月のことでした。北海道内の漁師さんたちに話がどんどんと伝わり、心ある漁師さんたちが続々と自分たちの大漁旗を送ってくださったのです。集まった大漁旗は一四〇枚を超え、さっそく石巻の湊中学校へ贈呈しました。

さらに多くの方々の協力を得て、その大漁旗は立派なハッピとなり、念願の川開きで例年通り踊ることができました。そこで、大漁旗をご寄付くださった北海道の漁師さんに、ハッピを着て踊る子供たち

大漁旗で作ったハッピを着る中学生たちと（2011年8月）

を見ていただきたい、と声をかけました。

　今回石巻まで足を運んでくださったのは、様似町の山中水産を代表して山中勇会長、川上哲治漁労長の奥様である川上美鈴さん、第三一一心丸船長の山田大祐さんの三人です。よさこいソーランを見学されたあと、「大漁旗を集めてほしい」と声をかけてくださった被災者のお宅へ伺いました。すると玄関前に、山中水産の命ともいえる立派な一心丸の大漁旗が、ハッピにはならずに大切に飾られて出迎えてくれたのです。それはもうハッピになっていると、それでも嬉しいと思っていた山中水産のみなさんにとっては、本当に心温まる一幕であり、人と人とのつながりを感じさせた感動的な出来事でした。

　北海道様似町の三人が、実際に石巻へ来て心から良かったと思えたことについて、こうおっしゃってくださいました。

「現地の痛みや悼みを自分の眼で確かめられた、一生懸命生きている人（被災者の方）がいることを知った、一生懸命関わっている人（キャンナス）がいることを知った、津波で流されてしまった大漁旗が地域にとってどれほど大切で、必要なものだったかと涙ながらに語った被災者の方がいて、一方では、日々の漁業という営みの中で、その漁師一家を支える非常に価値のある各家々の大漁旗を、被災地でもどうか大切にして役立てて欲しいと思った私たちの思いが、直接こうして会えたことでお互いが愛情深くそれらを大切に扱い、感謝し合えることのできたこと、実際にこの肌でこれらを共有できたこと、それが本当に良かったことです」と。

私が二度目に活動した避難所・石巻中央公民館内の被災者の方は、順次仮設住宅等への移転が進んでおり、四月に一五〇人近かった人数も、八月には四十九人となっていました。八月末には大半の方は出られる予定とのこと、被災者の方と心を通わせれば通わせた分だけ別れがつらく、私はもしも自分の自由がきくのであれば、この避難所が避難所としての機能を閉じるまで、最後の被災者の方が安寧な場所へ落ち着かれるまでともにいて、力になりたかったと思うほどでした。

今回避難所でのキャンナスの活動は、被災者の方の身体的、精神的な面、生活支援等のフォローといった、幅広い対応を現地から求められていました。それは、本来はこれら全てを統括して自治体が対応できることが地域の自立につながるのかもしれませんが、被災地においては自治体職員、医療関係者も含めすべてが皆「被災者」であり、そうした特殊事情を考慮した柔軟な支援も、復興期には必要なのだと思います。その隙間に手が届く支援ができることが、キャンナスの良さであり、強みなのだと思っています。

今回初めて、キャンナスとして災害支援医療チームを結成し、一〇〇〇人を超えるボランティアスタッフが登録し、活動に参加しました。何か助けになりたい、という強い思いを持ってかけつけてくれた多くの素晴らしい仲間たちが、キャンナスとして今の自分にできることを、被災地のために一生懸命行いました。それぞれが自分の活動に納得でき、地元へ帰ってからは多くの人々に「被災地が求めていたこと」、そして「キャンナスが行ってきた活動のこと」を伝えてくださることが、さらなる被災地への支援となり、キャンナス活動の意義にもつながるのではないかと考えます。

1～12は、「酪農業を営む看護師の取り組み」『介護新聞』（北海道医療新聞社発行）の二〇〇九年十月から二〇一〇年一月に連載した記事を元にし、若干の加筆修正をしました。

13、14は、書き下ろしです。

あとがき

私が初めて釧路管内浜中町を訪れたのは、一九九五年夏のことでした。浜中町農協が第五次中長期計画を策定するにあたって、研究者チームの一員になったことが始まりです。

以来、ときおり訪れる場所となりました。ＪＡはまなか・デイサロンを最初に見学させてもらったのは、二〇〇八年夏のことです。その後も何度か足を運び、デイサロンを利用している高齢者の方々からお話を伺ったり、送迎のマイクロバスに同乗させてもらったりしました。

七〇歳代から九〇歳代の高齢者は、まるで「原始人のような生活」をしながら開拓の鍬を入れていった方々です。何しろ、『太陽の季節』に影響された若者たちが逗子海岸周辺をスポーツカーに乗って走り回っていた頃、浜中町の酪農家は、電気も水道も通っていない暮らしだったのですから。ろうそくの灯りをたよりに搾乳をした話、厳しかった舅の思い出、じゃがいもばかり食べたことなど、いろいろな話を聞かせていただきました。

酪農の第一線からリタイアしても、遠く都会に住む子どもたちと同居するつもりはないこと、できれば最期までこの土地で暮らしたいこと、農協がこのようなデイサロンを作ってくれてどんなにうれしかったかを、話してくださいました。

浜中町の高齢者と話していると、岡山に住む私の老親の姿と重なります。二〇年、三〇年後の私自身の老後も想像してしまいます。

ここではそれぞれのお名前を挙げることはできませんが、デイサロンを利用されている浜中町の高齢者の方々に、お礼を申し上げたいと思います。

さて、もう一人の著者竹内美妃さんのことを書いておきます。私が最初にデイサロンを訪れた二〇〇八年夏からの付き合いです。「介護新聞」の連載記事を読み、介護・看護分野だけでなく広く多くの人々に竹内さんの活動を知ってもらいたいと思いました。それが、本書出版の原動力となりました。

緊急救援医療チームの登録看護師でもある竹内さんは、ひとたび海外で大きな災害があると、すぐに支援に出かけます。細身でチャーミングな竹内さんのどこにそのエネルギーがあるのか分からない、不思議な女性です。フットワークの軽さは、3・11東日本大震災の支援にも活かされました。

「困った時はお互いさま」の精神は、災害支援だけではありません。日常生活の地域看護や高齢者福祉の場においても同じです。

竹内さんを支えているデイサロンのスタッフの方々にもお礼を申し上げたいと思います。スタッフの方々は、利用者の要望に臨機応変に対応し、人生の先輩たちに敬意をもって接しておられます。スタッフの方々の行き届いた気配りや健やかな明るさが、デイサロンの運営に欠かせないものになっていると感じました。

執筆に際して、浜中町農協の石橋榮紀組合長をはじめ、参事の高橋勇さん、デイサロン担当の和田瑞穂さんには、お忙しいところ、しつこいインタビューや質問に応えていただきました。データの提供にも大変お世話になりました。記してお礼の言葉とします。

最後になりましたが、今回も出版、編集の労をとっていただいた筑波書房の鶴見治彦さんにお礼を申し上げます。

二〇一一年一〇月

著者を代表して　河合　知子

著者略歴

河合　知子（かわい　ともこ）

［略歴］

岡山県生まれ。京都府立大学生活科学部卒業後、北海道職員（生活改良普及職）、短大教員を経て、2006年より生活問題を考えるオフィスＫＳ企画を立ち上げる。博士（農学）。管理栄養士。

主な著書は、『北海道酪農の生活問題』（筑波書房、2005年）、『問われる食育と栄養士　学校給食から考える』（共著、筑波書房、2006年）、『牛乳を搾る暮らしと飲む暮らし』（筑波書房、2009年）、『管理栄養士になる方法』（筑波書房、2010年）など。

ホームページ：http://www2.plala.or.jp/kskikaku/

Ｅメールアドレス：kawait@sea.plala.or.jp

北海道札幌市在住。KS企画代表。

竹内　美妃（たけうち　みき）

［略歴］

東京都生まれ。育生会技術専門学校看護学部、北海道教育大学釧路校を卒業。日本赤十字北海道看護大学大学院に在籍中。2001年より竹内牧場を開業。全国訪問ボランティアナースの会「キャンナス釧路」代表。国際緊急援助隊医療チーム登録看護師、ＡＭＤＡ緊急救援医療チーム登録看護師。介護支援専門員。

Ｅメールアドレス：schoene@lapis.plala.or.jp

北海道浜中町在住。竹内牧場経営者。

酪農家による酪農家のための高齢者福祉

浜中町農協とキャンナス釧路の取り組み

2011年11月14日　第１版第１刷発行

著　者　河合知子・竹内美妃

発行者　鶴見治彦

発行所　筑波書房

東京都新宿区神楽坂２－19 銀鈴会館

〒162－0825

電話03（3267）8599

郵便振替00150－3－39715

http://www.tsukuba-shobo.co.jp

定価は表紙に表示してあります

印刷／製本　平河工業社

ISBN978-4-8119-0396-5 C0036